40年
教学工作中的
6000篇
教育日记精选出的
100个
学生成长教育
典型案例

给家长的100封信

王欣 著

西安交通大学出版社
XI'AN JIAOTONG UNIVERSITY PRESS

图书在版编目（CIP）数据

给家长的 100 封信 / 王欣著 . -- 西安：西安交通大学出版社，2017.4（2021.7重印）
ISBN 978-7-5605-9645-7

Ⅰ.①给… Ⅱ.①王… Ⅲ.①儿童教育—家庭教育 Ⅳ.① G78

中国版本图书馆 CIP 数据核字（2017）第 103312 号

书　　名	给家长的 100 封信
著　　者	王　欣
项目策划	张瑞娟
责任编辑	于睿哲
出版发行	西安交通大学出版社（西安市兴庆南路 1 号　邮政编码 710048）
网　　址	http://www.xjtupress.com
电　　话	（029）82668357　82667874（发行中心）　（029）82668315（总编办）
传　　真	（029）82668280
印　　刷	陕西日报社
开　　本	700mm×1000 mm　1/16　印张 22.5　字数 176 千字
版次印次	2018 年 6 月第 1 版　2021 年 7 月第 6 次印刷
书　　号	ISBN 978-7-5605-9645-7
定　　价	49.00 元

读者购书、书店添货，如发现印装质量问题，请与本社发行中心联系、调换。
订购热线：（029）82665248　　（029）82665249
投稿热线：（029）82668519

版权所有　侵权必究

再版序

　　近年来，因为经常出席各类读书交流活动，尤其是亲子类书友沙龙，很多家长总爱跟我交流各类关于孩子教育的话题，也会提出很多一直困扰他们的问题，诸如：孩子老爱玩游戏该怎么办？孩子不爱说话该怎么办？孩子放学回家做作业老爱拖延该怎么办？孩子叛逆不听话该怎么办？……对于这类问题我通常会信心满满地建议家长去把《你就是孩子最好的玩具》这本书（樊登读书会推荐书目）的音频解读听上20遍，然后试着去用"情感引导"的方法教育孩子。后来却发现根本无效，因为大部分人坚定的认为自己做不到，当然也就更加不会把一本书的解读音频听20遍，其实我自己是真的把那本听了超过50遍并通过大量刻意练习，才最终能够熟练而自然地用在和儿子的沟通上。

　　前几天在家整理书房的时候猛然看到王欣老师多年前写的这本《给学生家长的100封信》（原书名），随手翻开几篇就放不下了，书中描述的大量发生在十多年前的真实案例今天读来一点都不过时，诸如："不要当着孩子的面吵架""她为什么不能按时完成作业""小学生与奥数班""让孩子和'爱'一起成长""留一些时间给您的孩子"，每一封信都饱含着王欣老师对孩子们的爱、对家长们的良苦用心以及从教四十余年来的宝贵经验。于是我马上给王欣老师打了电话，建议她尽快将这本书再版，以帮助更多处在迷茫中的学生家长和老师。

记得在2013年樊登读书会创立之初，樊登就曾跟我说，"我们要尽量多地发展读书会会员，我们每发展一个会员就能多拯救一个家庭。"当时我只是一笑了之，心里觉得这样说有点夸张了。在之后的两年多时间里，我组织了超过200场读书沙龙，其中大半与家庭亲子类话题有关，在大量与孩子、家长的交流和生活实践中，我渐渐发现大部分家庭都有着各种各样的问题，而导致这些问题的深层原因又大多与孩子的成长环境和家庭教育有关。就猛然又想起了樊登在四年前讲过那句话，同时也看到了很多家庭通过阅读改变了家庭的氛围和教育方法，我们的确"拯救"了很多的家庭。

今天得知这本书终于要再版了，非常开心，相信它一定可以帮助到更多的学生家长和老师，让更多的孩子获得本该属于他们的快乐童年和幸福人生。

樊登读书会联合创始人　王永军

2017年6月于西安

写在前面的话

王　欣

我从十九岁走出师范学校的大门，将近四十年时间一直从事小学教育工作。

在几十年的教育、教学实践中，我接触过无数家长，聆听过许多个发生在不同家庭里的故事。看到身边有许多孩子因为成功的家庭教育而出类拔萃，也目睹了不良的家庭环境带给孩子的负面影响。这一切让我体会到，小孩子是一张白纸，好画最美的图画。问题是孩子的第一任老师，是否明白如何在这张白纸上作画？这就是我想写这本书的第一个原因；促使我动笔写这本书的另一个原因是，无论是在职期间，还是退休以后，我不断地收到家长的书信和电话，他们或者是向我诉苦，诉说他们的孩子如何不听话，怎样的另类，学习成绩如何低，又是怎样的叛逆，或者是告诉我他的孩子取得的成绩和进步，和我共享喜悦。与家长的广泛接触，为我积累了大量关于家庭教育的生动资料。

经过一段时间的整理和酝酿，我终于拿起笔开始写这本书，我要把自己多年来在小学教育方面的感悟告诉给广大家长，同时，向大家推荐先进的教育方法，提供科学教育的小窍门。现在，这本书终于与大家见面了，衷心地希望我的感悟能对大家有所启发，我介绍的教育方法能对大家有所帮助。

这本书是以书信的形式来表达的。

我认为，写信是人与人之间最好的一种交流形式。他既像是面对交谈，又很理性，他不需要用华丽的词藻修饰，只要分析透彻，有说服力，建议具体，一般很容易被人接受。

写信还有一个好处，那就是作者和读者都会有一种亲切感。无论学生还是家长都是我的朋友，给朋友写信，轻松、自然、无拘无束。相信家长在阅读本书的时候，也会产生和我一样的感觉。

最后一点，选择书信的形式，和我手头的积累有关。我保存了太多的学生家长来信，每一封信里，都有一个让人心动的故事，我经常翻阅这些信件，经常想起我与他(她)们的讨论，所以，以信的形式写书，也算是集中回复那些家长的来信。

下来说一说书的内容。

当前，针对小学生的教育有许多问题值得讨论。

一、怎样的孩子算是好孩子？

这是一个涉及到衡量标准的问题。有的家长一味的追求孩子的考试成绩，认为能考出高分数的孩子才是好孩子。只要考得好，便给孩子买玩具，吃麦当劳，去高级游乐场，应有尽有地满足。假如考得不好，家长立即变得态度冷淡、甚至于讽刺、挖苦，有人还拳脚相加！是不是分数考得低的孩子就不是好孩子？我想，家长心里可能也很明白，但是，就是不能给孩子松这个口，就是要给孩子造成强大的压力。殊不知，压力过大，会压瘪了他(她)的。

在我认识的家长中有两个家长用完全不同的两种标准衡量自己的孩子，得到了完全不同的结果。

有一位家长是从农村来到城市打工的，她的日子很艰难，当然希望自己的孩子学习成绩优秀，将来能出人头地。但是，她对我说，只要她的孩子能跟得上班，不留级，不拉班上的后腿，就已经进步不小了。因为在农村，孩子几乎没有学到什么，她比城里的孩子学习的知识要少很多，为什么要用城里孩子的标准来要求她呢？她还说孩子像棵树，只要长得直，不长歪杈子，做椽、做梁都有用。

这个学生很懂事，她每天清晨都要帮助妈妈把菜摊摆好，然后跑步去上学。她学习很努力，不到一年的时间，就跃入班级上游，小学毕业，考上了很理想的中学。

另一个学生家长用的是完全不同的标准。他要求孩子，每门功课考试成绩必须上90分，否则，再做10套语文，数学卷子。这个孩子从三年级起考试成绩逐年下降，最后发展到经常不及格，家长用尽了惩罚的措施，结果，成绩非但没有提高，孩子反而患上了厌食症，小学毕业就休学在家，无法继续学习。

二、孩子从小要不要参加"特长"班的训练？

据我了解，目前生活在城市里的小学生中，百分之八十以上的人都参加了各种"特长"班的训练。许多家长不管孩子的接受能力，不问孩子情愿与否，盲目地为他们报名训练。这些未成年的小孩子牺牲两个休息日，奔波于奥数、作文、钢琴、外语、书法等训练班，有的孩子被搞得身心疲惫，正经接受义务教育时，没精打采，各学科成绩都不理想。

有一个小学生，钢琴考级的成绩是9级，而她在学校里的语文、数学两门成绩加起来不足100分。她的家长还理直气壮地对班主任说，他的孩子将来就靠钢琴吃饭，学不学语文、数学无关紧要！

更有些家长，根本不了解自己的孩子有什么特长，一味地追求潮流，听人说学美术可以培养孩子的形象思维能力，长大了可以搞装潢设计，她就给孩子报美术班，听说学一门乐器，重点中学录取的时候给加分，就给孩子报名学单簧管，如此轻率地凭自己的想像来确定孩子的前途，实在不能让人认同。

三、选择一所最好的学校是不是孩子就一定能学得最好？

目前，在中国，义务教育阶段的国有公办学校发展很不平衡。少数一些学校，设备齐全，师资力量雄厚，因而生源充足。而大多数公办学校办学条件一般，师资力量薄弱，所以，生源不足。这样一来，选择条件好的学校上学的学生越来越多，选择条件差的学校上学的学生越来越少。于是"好学校"越办越好，"差学校"越办越差，严重的两极分化。

家长在这种情况下给自己的孩子选择学校，当然就是"一边倒"了！

于是，有的家长托人情，找关系，想方设法将孩子送进"好学校"，更有许多家长不惜花几万元"赞助费"送孩子进校学习，还有些家长，因为家离学校距离远，干脆租房子，住在学校附近，可谓用心良苦！

孩子进了一所条件最好的学校，就一定能学得最好吗？这个问题并不像1+1=2那样简单。所以，有人就提倡在孩子小的时候，应该是"择师"而不是"择校"。

四、教育孩子到底是应该以"批评为主"，还是应该以"表扬为主"？

我接触过两个孩子的妈妈，一个经常拿别的学得好的孩子和自己的儿子作比较，引起儿子的反感："有一天老师让我们写一段留给自己印象最深的话，同学们都在苦思冥想，我连一分钟的脑子也不用动，提笔就写，看看人家刘锦强，数学多棒，每次都考100分！看看人家季蓝，作文多好，每次都被老师当作范文读！看看人家张坤扬，参加一次运动会，就给他妈拿一张奖状！看看，看看我妈妈的眼睛是为别人长的，就会看到别人取得的成绩，看看我妈妈的嘴巴也是为别人长的，专门给别人做宣传！完了，我肯定完了，我在妈妈的眼里就是一块干巴巴的豆腐干子，既没有水分，也没有味道，干脆扔了算了！"

与这位妈妈形成鲜明对照的是另一位妈妈，她的儿子学习不错，她逢人就夸，儿子也很有意见："我的学习成绩不差，基本上是班上的前三名，可是我也不喜欢妈妈当众宣布它。我的妈妈在每次考试完了以后，就喜欢对家里的人宣布我的成绩：'我儿子又考了一个第一名！'得意之情，溢于言表。她还不放过每一次宣扬的机会，只要家里来了客人，她就要首先把我作为招牌菜打出去，弄得我十分尴尬。我心里想，妈妈，求您别再张扬了，您让我太难为情了！"

除了以上几个比较典型的问题以外，还有诸如要不要支持孩子上网，要不要适度惩罚，要不要给孩子留一些自由支配的时间，要不要把孩子当作朋友对待等问题都让一些家长感到困惑难办。

就这些有争议的问题，我将在这本书里列举大量的实例，讲一讲自己的认识，帮助家长分析利弊，确定方法，以便家长在教育孩子的过程中，从他们的实际情况出发，尽量少走一些弯路。

当前，在小学生身上存在的一些问题要引起学校和家长的足够重视。

比如，关于孩子的心理健康问题。

当今的社会很复杂，影响学生成长的因素极多。而且，社会信息量很大，学生获取信息的途径又相当广泛，所以，小学生很容易受到不良影响，再加上独生子女比较脆弱，经不起挫折，一旦有了诱因，学生就极易产生心理健康问题。

有一位小学六年级的学生，他在班上的品德、学习一直名列前茅。临近小学毕业，在一次学校召开的田径运动会上，他因为起跑犯规三次被裁判老师取消了资格，一气之下离家出走，在外面流浪了一个星期，搞得家庭学校人心惶惶,他也差一点儿上了坏人的当。

还有许多学生,因为家里父母离异,孩子不能接受现实,造成心理扭曲,有的离家出走,沦为盗窃犯,甚至童妓。更有甚者拦路抢劫,杀人放火,断送了年少的生命。

比如,关于提高孩子与人交往的能力问题。

如今的孩子,绝大多数是独生子女。独生子女先天残缺的是兄弟姐妹。他们从小就生活在"四加一"的环境中,受到祖辈和父辈的百般疼爱。他们大多数人只知道让别人满足自己,很少去替别人着想。所以,在这些孩子走进学校的时候,就会面临一个与老师和学生如何沟通的问题。

有一个一年级的小朋友,从上学的第一天起,就要求奶奶陪读:上课,奶奶坐在身边,他才能听老师讲课,完成作业;下课,他只跟奶奶玩,连上厕所也要奶奶跟着,弄得奶奶十分尴尬。只要奶奶一离开,孩子立刻哇哇大哭,拼命追过去,抓住奶奶的衣服不丢开。这样的情景延续了将近一年时间,在老师和同学们的帮助下,这个孩子到升入二年级的时候才有所转变。

另外也有一些孩子,惟我独尊,高高在上,与老师同学不能很好地沟通。

有个孩子过生日,拿上家长的钱,在饭店摆了三桌酒席。她事先给一些同学发了请帖,规定每人必须带一样礼物。有个同学家庭条件不好,没有礼物送,就没去参加她的生日宴会。事后,那个过生日的同学以没有来的同学瞧不起她为理由,找了一帮人把这个同学弄到一处建筑工地上,痛打一顿,然后推到石灰池里,差点儿要了孩子的命!

比如,关于纠正孩子的厌学情绪问题。

现在的小学生主动学习的为数不多,大部分是在家长和老师的压力下完成学习任务的。少数学生,压根儿钻不到书本里去,他们觉得学习是一件十分枯燥乏味的事情。表现在课堂上不注意听讲，课后连书本模也不想摸一下。至于对计算机的兴趣，也仅仅停留在玩游戏上，进一步地深入探索很难开展。对英语，倒是很愿意听别人流利的表达，到了自己头上，就摇头了："我背不过嘛！"

有极个别小学生，在班级里花钱雇别的同学替自己做作业，到了考试的时候不及格，竟然对老师说："您给我画个及格，我让我的爸爸给您下岗的儿子找一份工作！"

比如，关于培养孩子的劳动观点的问题。

在学校里，老师下课以后，黑板上的板书，很少有同学主动去擦，下一节课的老师先擦黑板再上课，已经成为习惯。我曾经问过学生为什么不擦黑板，学生的回答很干脆："那么多人都不擦，凭什么要我去擦？"

在学校举行的运动会上，有运动员因为鞋带子开了不会系，而无法参加比赛，在夏令营活动中，有学生一次带了30双袜子：在班级的聚餐会上，有小同学拿起火腿肠就往嘴里塞……

还有的家长替孩子到学校大扫除、的去街道做好事，更是让人啼笑不得！

我们的小学生真真地成了小皇帝、小公主，我们不得不为他们的将来担心！

我始终有一个观点，那就是，就学生的知识而言，学校的教育责任重大，就孩子的做人而言，家长的责任重大，这其中的道理是不言自明的。我承认，近几年，国家不断提倡教育改革，强调学生综合素质的提高，学校里的教师经过学习和培训，在重视提高教学质量的同时，在教育方法上也有了一些显著变化。但是，教育是一项综合工程，仅靠学校的改革是很不够的，它要求我们每一位家长都要树立正确的教育理念，都要研究科学的、先进的教育方法，只有家庭教育和学校教育有机地结合起来，才能争取达到最佳的教育效果。

所谓科学的、先进的教育方法，无非是符合孩子健康成长的教育方法。比如，为提高孩子的学习成绩不顾孩子的接受能力，甚至不顾孩子的身体健康，用"题海战术"，就不可取，而在孩子的接受能力以内，查漏补缺，悉心指导就是科学的。比如，在孩子遭遇挫折时，不仅不给安慰，反而以恶语相加，大大伤害孩子的自尊心就不可取；反之，在孩子遭遇挫折时，先安慰孩子，再了解情况，然后制定对策就是科学的。再比如，因为害怕孩子出去受人欺负，放学了就将孩子关在家里，与外界隔离就不可取；相反，积极支持孩子交朋友，支持孩子与同学正常交往就是科学的。

一句话，家长一定要把培养一个健康的，能够迎接未来各种挑战的孩子作为自己教育的最终目标，而不是着眼于一次考试成绩的高低，一次教师评价的好坏，或者一回竞争的成败。

在您后面读到的书信里，我将就家长的表率作用、家长与孩子的关系问题、家长和老师的关系问题、单亲家庭问题，以及孩子的学习问题、心理问题、合法权益问题、劳动教育问题等和您展开交流。

家庭是社会的细胞，家庭是每一个孩子成长的第一所学校。有了这所学校的成功教育，就会有中国教育的成功。我愿意为此付出自己不懈的努力。

在我撰写这本书的过程中，我的同学刘雪兰老师给予了我极大的支持和帮助，在此，谨表示衷心的感谢。

2006 年春

目　　录

再版序　　　　　　　　　　　　　　　　　　　王永军
写在前面的话　　　　　　　　　　　　　　　　　王欣

第一篇　你是他人生的"第一任老师"

1　写好家庭这本书…………………………………003
2　了不起的父亲……………………………………006
3　不要当着孩子的面吵架…………………………009
4　有了孩子就有了责任……………………………012
5　给她一张学习的桌子……………………………015
6　别忘了"木碗"的故事…………………………018
7　把你的"奋斗史"讲给孩子听…………………021
8　要让孩子信任你…………………………………024
9　请在孩子面前保持风度…………………………027

第二篇　你可以拨动他求知的心弦

10　"家教"要有新理念……………………………033
11　阅读一生受益……………………………………036
12　看电视也是一种学习……………………………039
13　"偏科"有害……………………………………042
14　小学生与"奥数"班……………………………045
15　她为什么不能按时完成作业……………………048

16 让孩子爱写作文其实也不难 …………… 052
17 承认差别,不要给孩子施加过大压力 …… 055
18 特长训练,因人而异 …………………… 059
19 一定要保护好孩子的好奇心 …………… 062
20 给孩子一些自由支配的时间 …………… 065
21 让孩子和"爱"一起成长 ……………… 068
22 厌学的情绪要纠正 ……………………… 071
23 不要忽视家庭的语言启蒙 ……………… 075
24 别忘了语文和数学以外的天地 ………… 078
25 带孩子走进大自然 ……………………… 081
26 培养孩子健康的兴趣爱好 ……………… 084
27 爱动手的孩子聪明 ……………………… 087
28 能力比成绩更重要 ……………………… 090

第三篇 你为他展开"爱"的天空

29 走进孩子的心灵 ………………………… 095
30 和孩子的感情也是需要培养的 ………… 098
31 你不了解他 ……………………………… 102
32 是"爱"远离了他 ……………………… 105
33 留一些时间给您的孩子 ………………… 108
34 要尽到监护人的责任 …………………… 111

第四篇　你在塑造他的心灵

35　培养孩子的感激情怀 …………………… 117
36　不能事事都拔尖 ………………………… 120
37　这是她的另一种宣泄 …………………… 124
38　帮孩子走出自卑 ………………………… 127
39　他为什么如此叛逆 ……………………… 130
40　帮助老师了解您的孩子 ………………… 133
41　让孩子远离嫉妒 ………………………… 136
42　教孩子学会认错 ………………………… 139
43　他应该和大家一样快乐 ………………… 142
44　诚实是金 ………………………………… 146
45　她会回来的 ……………………………… 149
46　教育孩子做一个受欢迎的小客人 ……… 153
47　规则无处不在 …………………………… 157
48　培养坚强的男子汉 ……………………… 160
49　要有一颗善良的心 ……………………… 163
50　学会与人合作 …………………………… 166

第五篇　你和他是朋友

51　了解他为什么不爱讲话 ………………… 171
52　不能随便看她的日记 …………………… 174
53　把真相告诉她 …………………………… 177

54 让孩子感受平等 …………………………… 180
55 不要做自以为是的爸爸 …………………… 183
56 换一种表达爱的方式 ……………………… 186
57 创造民主的家庭氛围 ……………………… 190

第六篇　你帮他从挫折中站起来

58 让孩子走出疾病的阴影 …………………… 195
59 让他记住被"取消资格" …………………… 198
60 "三好生"不只是属于她一个人 …………… 201
61 你应该为她骄傲 …………………………… 204
62 和孩子一起从悲痛中站起来 ……………… 207
63 给她如愿以偿的希望 ……………………… 210
64 "落选"并不一定是坏事 …………………… 213

第七篇　你给他一个温暖的"巢"

65 无法割断的思念 …………………………… 219
66 都是您的孩子 ……………………………… 222
67 不能放任孩子 ……………………………… 225
68 您是一位好妈妈 …………………………… 228
69 做个漂亮妈妈 ……………………………… 231
70 他日夜盼望您的归来 ……………………… 234

第八篇　你和老师也可以是朋友

71　把孩子介绍给新老师 …………………… 239
72　不要过于计较老师排的"名次" …………… 242
73　巧妙纠正老师的错误 …………………… 245
74　配合教育也不难 ………………………… 248
75　他也参加了运动会 ……………………… 251
76　放弃配合就是放弃责任 ………………… 254

第九篇　你要教育他热爱劳动

77　家务劳动情况调查表 …………………… 259
78　给孩子安排一定的家务劳动 …………… 262
79　劳动习惯要培养 ………………………… 265
80　不能替孩子参加学校的大扫除 ………… 268
81　尊重别人的劳动 ………………………… 271

第十篇　你不可以那样做

82　不要屈服于她的眼泪 …………………… 277
83　不能重男轻女 …………………………… 280
84　不要给孩子当"保姆" …………………… 283
85　不要束缚孩子的手脚 …………………… 286
86　不要过分夸奖孩子 ……………………… 289
87　不要和别人比孩子 ……………………… 292

88　不要"单腿跳" …………………………… 295
89　不要一味地付出 …………………………… 298
90　不要盲目地为孩子制订成长计划 ………… 302

第十一篇　你应该这样做

91　依法维护孩子的权利 ……………………… 307
92　父母带孩子更合适 ………………………… 310
93　应当给孩子买电脑 ………………………… 314
94　教孩子学会自我保护 ……………………… 317
95　对送礼说"不" …………………………… 320

第十二篇　其他

96　女儿的电话最多 …………………………… 327
97　孩子的生日怎样庆祝好 …………………… 330
98　女儿迷上了化妆品 ………………………… 334
99　胖孩儿堪忧 ………………………………… 337
100　告诉孩子男女有别 ……………………… 340

第一篇　你是他人生的「第一任老师」

1 写好家庭这本书

阿利：

　　你好！

　　韩冬以地区第一名的成绩考上了清华大学的消息真是太让人高兴了！孩子的理想终于实现了，你和他爸的愿望也终于如愿以偿，作为你的好朋友，我向你们表示最衷心的祝贺！

　　记得我第一次见到上小学的韩冬时，读了他写的一篇作文《我的爷爷》，就觉得他与一般孩子不同。他很聪明，五年级的小学生写出的文章不但内容具体，而且文笔优美；他很善良，他回忆起爷爷有病的日子十分难过，文章中所表达的对爷爷深深的思念之情，让大人读了也禁不住为之动容。当我把这篇文章推荐给一个少年作文杂志的时候，杂志主编立刻就同意刊登。

当时我就告诉你，韩冬将来必有出息。今天果然被我言中。

其实，我下这个结论的主要依据还是你们夫妻俩给孩子所创造的成长环境。

你们俩都是普通的工人，每月的收入很有限。就是这有限的收入，你们还要拿出一部分给韩冬的爷爷和奶奶，尽到做儿女的责任。韩冬学习再忙，你们也要他抽出时间去看望爷爷和奶奶。没有你们的孝敬，哪有韩冬的善良？家里的日子并不宽裕，但是，你们夫妻俩精打细算，安排得井井有条，从来也没有因为经济拮据而发生过争执。没有你们的和睦融洽，哪有韩冬的乐观通达？在教育韩冬的问题上，你们放得非常开，看不出些许的压制。没有你们的平等自然，哪有韩冬的自觉发奋？在我和你们认识的二十多年中，留给我印象最深的就是你们夫妻的纯朴忠厚。不管是同事朋友，还是街坊邻居，无论谁有了困难，你们都是伸手相助。这一点在你们的家属院里有口皆碑。没有你们的与人为善，哪有韩冬的宽宏大量？

你们虽然不能给韩冬花钱请家教，上补习班，提供优越的学习环境，可是你们给与韩冬的精神资源却十分丰富。你们潜移默化地影响着他的性格品质，心理意志。韩冬从来不与同学攀比吃穿，相反，他觉得自己生活在一个十分幸福的家庭里。上高三的时候，因为家里的经济不宽裕，韩冬主动放弃了作为学生代表到新加坡参观学习的机会。我和他谈起这件事，他很轻松地说："以后有的是机会，何必现在给爸爸妈妈增加负担呢！"在学校里他不仅各科学习成绩优秀，而且有着很强的组织才能和工作能力。在整个中学六年里，他获得的各种荣誉无以计数。所以，他考上清华大学完全在意料之中。

韩冬成才的事例说明每一个家庭都是一本大书，在孩子还未接受教师教授的文化知识以前，他已经开始阅读这本家庭大书了。这本书的作者就是孩子的父母，如果他们精心构思了这本书，用优美的笔触撰写书中的每一个章节，那么，他们付出的爱就一定会被孩子接受并珍藏。

毫不夸张地说，你和韩冬的爸爸是两位优秀的作者。

再一次向你们表示祝贺！

再见！

王欣
2001 年 8 月

2　了不起的父亲

乔师傅：

　　您好！

　　在昨天的家长会上，您的话打动了在场的许多家长。大家在得知您的家庭情况的同时，也被您顽强不屈的精神所感动，您是一位了不起的父亲！

　　在人生的道路上，我们不知道自己会遇到怎样的困难，但是，我们却知道，在困难面前，每一个人都应该有一颗坚强不屈的心，尤其是在有了孩子以后，作为家长，一定要以自己克服困难的勇气和信心给孩子做出榜样。您在这方面做得特别好。

　　海海是一个很有个性的孩子，学习成绩在班上一直都名列前茅，但是他从不张扬。我也注意到了他多少有一点儿"小大人"的样子，每天一放学就按时回家，几乎没有看见过他在操场上留恋的身影。平时和同学相处，经常可以看见他照顾需要帮助的同学。今天我才知道，他急着回家是因为家里有一个生病的母亲，等着他去看护。他能主动帮助同学，是因为他有一位不辞劳苦，数年如一日精心照顾生病妻子的父亲。您对海海的影响是难以估量的。

您昨天讲到，海海的母亲在孩子上一年级的时候，就有了精神分裂症。这对于一个家庭来说是一件多么不幸的事情！面临这突如其来的不幸，您没有退缩，而是勇敢面对现实，一方面抓紧对妻子的治疗，一方面独自承担起教养儿子的责任，咱中国人的那句老话"又当爹，又当娘"就应在了您的身上。

昨天在家长会上，您有一句话给我的印象特别深刻："苦也罢，累也罢，我都得认，谁让咱是妻子的丈夫，孩子的爸爸！"是啊，"丈夫""爸爸"，男人的两大角色，男人的两大责任，需要付出多少艰辛和努力才能无愧于这两个称号，更何况您是一个生病妻子的丈夫，一个没有母亲照顾的孩子的爸爸！

不难想象，您每天从起床的那一刻起，就是怎样的忙碌：妻子要吃药，孩子要上学，您照顾了一个，再照顾另一个，然后，自己才去上班……令我感叹不已的是在这四年中间，您妻子的身体在逐渐好转，您儿子的学习从来也没有耽误过。您用自己不屈不挠的意志，为海海母子撑起了一片蓝天。您是妻子的好丈夫，是孩子的好爸爸！我作为海海的老师，应该向您表示我的敬意。

毋容置疑，在一个家庭里，父亲对儿子的影响力是巨大的。您的品德，您的意志，都将是海海一生受益无穷的财富。

从前，我不完全了解您家里的情况，今后，我将会帮助您教育和照顾海海，给他更多的关爱，让他小小的心灵不要有太多的负担，让他童年生活尽量地多一些欢笑。

祝您的妻子早日恢复健康！

王欣

2000年9月

3 不要当着孩子的面吵架

李瑞的妈妈:

你好!

今天早晨有我一节语文课,上课的时候,我看见李瑞趴在桌子上,我以为她身体不舒服,就让她去办公室休息,谁知道,她一站起来就泪流满面,我急忙走到她身边俯身问她怎么回事。孩子不回答,只是哭。在弄清楚她并不是身体的原因以后,我就让同学扶她去休息了。

下课以后,我和李瑞找了一个僻静的地方,谈了好长时间。交谈后我才知道,今天异常的表现是因为你和她爸爸昨晚吵了一架的事情。

孩子并没有给我讲明你们吵架的原因（也许她根本就不知道），但是，她详细地向我描述了你们争吵时各自的激烈反应。她说您当时的样子很可怕，她几乎都不认识您了。说她的爸爸离开家时摔门的声音吓得她用被子赶紧蒙住了头……

我把心有余悸的孩子揽在怀里，安慰她说："不要紧，爸爸妈妈可能是失控了，他们今天就会和好的，不信，你下午回家去看看，你们家里一定会像往日一样风平浪静。爸爸妈妈一定会像往常一样有说有笑。在我的一再劝慰下，李瑞才恢复了平静，基本上是安心上完了后两节课。

孩子是平静了，您和他的爸爸是否恢复了平静，我还不得而知。

我不知道是什么原因引发你们激烈的争吵，我只是想，在你们之间爆发战争的时候，可能就没有想到这"战火"会烧伤另一个无辜的、未成年的人。

说起你们平时留给孩子的印象，李瑞的脸上立刻布满阳光，她说您和她爸爸都是很讲礼貌，很有修养的人，对她也特别疼爱。她从来没有想到，爸爸妈妈会变得那样"凶恶"。

就像我给李瑞说的那样，你们很可能是失控了，情急之中，忘记了孩子的存在。作为孩子的老师，我不得不提醒您，即使自己有天大的委屈，在孩子面前，您还得沉住气。要处理你们夫妻之间的矛盾，必须避开孩子。这是做父母的责任——为孩子创造一个和谐的家庭氛围；在孩子面前保持一个从容镇定、和蔼可亲的父母形象。

根据调查，80％的孩子都把"父母当面吵架"视作他们最害怕的事情。他们最不喜欢看那些反映家庭生活的电视剧，因为这些电视剧中常常有孩子夹在两个像狮子一样怒吼的大人之间的场面。作为疼爱孩子的父母，为什么要给孩子带来这种恐惧呢？

我知道，事情说起来容易，做起来就不是那么轻松了，而且，各个家庭里都有它特殊的矛盾。然而，如果您明白了下面的道理，你就会格外注意自己的言行了：在小学生身上，现在发生的任何小事情，将来都可能影响孩子的一生。

但愿你们的家庭很快恢复往日的平静！

祝您和您的先生健康、和谐。

王欣

2003 年 5 月

4 有了孩子就有了责任

李力的妈妈:

您好!

我是您的儿子李力的班主任王老师。

我不知道您此刻在哪里,我也不知道您是否能读到我写给您的这封信,但是我还是坚持要给你写这封信,因为我觉得您的儿子李力太可怜了,他过早承受了同龄孩子所无法承受的压力,您再不回来,他的身体也会垮掉的。

您原本有一个幸福的家。听李力的奶奶讲,您过门的时候,年轻漂亮,又能吃苦,和李力的爸爸恩恩爱爱。生下李力,喜上加喜。李力的奶奶帮您带孩子,你和丈夫上班工作,一家人和和睦睦,其乐融融。

　　天有不测风云，人有旦夕祸福。两年前，李力的爸爸得了癌症，您又紧接着下了岗，这双重的打击一下子落到了您的头上，压力之大是完全可以想象的。后来，李力的爸爸因为无钱医治，不到半年就撒手人寰。这一连串的不幸，击溃了您。从此，您对这个家，对您唯一的孩子，也失去了爱心，您开始过上了不正常的生活。

　　您可知道，多少个夜晚，为等您回家，李力和奶奶坐在床上通宵达旦，奶奶让他去睡觉，他说妈妈不回来他睡不着；多少次学校召开家长会，李力坚持不让奶奶参加，他说妈妈知道每学期开家长会的时间，她一定会来的！失望一次又一次打击着他小小的心。

　　还有，您可知道，自您走后，李力和奶奶怎样生活？老太太靠捡破烂维持祖孙俩的生计，小李力每天放学以后，到处找奶奶，为的是帮助奶奶把她捡的破烂拎回家。学校里组织学生春游，李力不参加，他一是没有钱，二是想利用这一天的时间帮助奶奶捡破烂。由于营养不足，李力显得面黄肌瘦，他的个头比同班的孩子要低出好多公分。

　　我知道您遭遇了不幸，可是，再大的不幸也不是您抛弃孩子的理由啊！他只有九岁，正是需要父母关怀的年龄，您有责任将孩子抚养成人，有责任给孩子创造一个安全的成长环境。您怎么忍心让孩子缺衣少食，与一个风烛残年的老人相依为命呢？

残酷的亲子关系，会给孩子的心灵留下阴影，您的行为会让孩子产生信任危机：妈妈在遇到困难的时候，都能抛弃他，还有谁可以信任呢？

为了孩子的今天，更为了孩子的未来，您赶快回来吧，回来承担起您应该承担的责任。只要您能吃苦，愿意诚实劳动，有付出，就一定会有回报，生活是不会亏待您的。

多么希望九岁的李力像其他孩子一样，拥有一个幸福的家，多么希望九岁的李力每天都能得到亲爱的妈妈的呵护！

王欣

2001 年 11 月

5 给她一张学习的桌子

小王师傅：

　　您好！

　　我看到了您在王璐的"联系本"上签的字，感谢您对我工作的支持！今后，我们要加强联系，及时沟通，为教育好王璐互相配合。

　　从您的签字里，我读到了您对王璐的殷切期望，也读到了您的焦急不安——"王璐学习不用功，每天放学以后就出去玩耍，到很晚才回家。"

　　因为她每天很晚才回家的事情，我向她做了了解，孩子告诉了我事情的原委，我很吃惊，觉得有些情况需要引起您的重视，所以才给您写这封信。

王璐告诉我，她一放学就出去不是她贪玩，而是她在家里没有办法学习。您总是在家里摆一桌麻将，您和您的朋友玩兴正浓，房子里乌烟瘴气。没有办法，孩子只好到里屋趴在床边写作业。怎奈房子太小，她还是被你们的吵嚷声干扰得静不下心来。

听了孩子说明的情况，我的心情很沉重，这样的家庭环境确实是没有办法学习的。

孩子对您很尊重，但是，她也有不能理解的地方。她说："爸爸整天叫我好好学习，我就没有见他学习过。在我们这个小区里，也有叔叔阿姨下岗了，人家都在参加各种培训班，准备再就业。我爸爸可好，自从下岗以后，就和麻将干上了，每天除了打麻将，什么事情都不干，把一个家一股脑儿地推给了我妈妈，妈妈能挣几个钱，她的负担该有多重呀！"

这些话出自一个小学五年级学生之口让我很震惊，她小小的年纪，已经开始有了思想负担，这可不好啊！

王璐还告诉我，您过去经常教导她，今天的社会竞争很激烈，每个人都要有过硬的本领，才能应对来自各方面的挑战。您这话说得多好！

小王师傅，我记得您是一位有手艺的人，您下岗以前不是在电器修理方面本领很过硬吗？为什么下岗以后，就不能用一技之长另谋出路呢？您今天正在面临挑战，您对待挑战的态度恰恰与您对孩子的教导背道而驰，这是一件比较让人失望的事情。有一位世界著名的作家曾经讲过，与其批评孩子，不如做个榜样。

也许您低估了自己榜样的力量，但我要提醒您，在一个孩子成长的过程中，尤其在小学阶段，她的个性、心理以及情感、意志等非智力因素的形成，受家庭的影响是很大很大的，您千万不可忽视这个问题。

赶快从麻将桌上离开吧，赶快重新开始您的工作，给您的家人带来幸福和快乐吧！

王璐在学校的情况还不错，我会用心去呵护、去教导她的。

祝好！

王欣

2004年4月

6 别忘了"木碗"的故事

惠如：

　　你好！

　　最近我看了你儿子写的一篇作文，很有感触，想和你谈一谈，希望你不要介意。

　　孩子的作文题目是：爷爷怎样才能住回来？文章反映了他对爷爷不能搬回来同你们一起居住这件事情的困惑。事情是从他星期天去给爷爷送东西开始写起的。我摘录一段给你看：

　　爷爷住的屋子又小又黑，屋里只有一张单人床和一张小桌子。我一进屋就闻到了一股呛人的烟味，原来爷爷正坐在床边抽烟。我立刻想到了妈妈不让爷爷和我们一起住的理由，就对爷爷说："爷爷，您别再抽烟了，抽烟有害健康。如果您戒了烟，我妈妈就会同意让您住在我家里的。"爷爷咳了两声,有气无力地说:"傻孙子,我就是不抽烟,你妈妈也不会让我住到你家,那时候,她就会有另一个理由拒绝我的!""不对,从前奶奶在的时候,你不是就和我们住在一起吗?"我对爷爷说。爷爷又咳了一声:"嗨,你懂什么呀,那是我沾了你奶奶的光了!"说着,爷爷抹了一下眼睛,我看得出来他是难过了。我没有完全听懂爷爷的话,但是,我知道爷爷不信任妈妈,这一点让我很为难。

和爷爷聊了一会儿,我就得走,因为妈妈规定了我回家的时间。

一回到家,我就对妈妈说:"妈妈,爷爷要是不抽烟了,您是不是就会同意他搬回咱家住了?"妈妈看了我一眼,冷冷地说:"他不抽烟了,他就能像你奶奶一样干活了?他就讲卫生了?鬼才信呢!"妈妈的话也让我丈二和尚摸不着头脑,妈妈明明说是因为爷爷爱抽烟,她闻了烟味就难受,爸爸才将爷爷搬出去的。怎么会在爷爷戒了烟以后又有了那么多的理由不让爷爷住回来呢?

我很想找人问一问,怎样才能让我的爷爷搬回家来住呢?

我读了孩子的作文,很为他对爷爷的一片孝心感动。看得出来,他很爱他的爷爷,希望和爷爷住在一起。面对孩子的这份企盼,你如何作答?

我无意参与你们的家务事,可是我很想告诉你,小孩子是很敏感的,大人之间发生的事情,往往会给他留下深刻的印象,他会从这些事情中作出自己的判断的。有时候，这种判断会影响到他以后做事的原则。我记得咱们中国有一个古老的故事，讲的是有一对青年夫妇对老人不孝顺，他们自己用瓷碗吃饭，给老人却用一个破木碗吃饭，并且不让老人坐到饭桌前来。有一天，妻子发现她四岁的儿子在用锯子锯一段木头，就问儿子锯木头做什么。儿子回答："我在做木碗，将来好给你们吃饭用。"这夫妇俩大吃一惊，赶快给老人换了瓷碗，从此，再也不敢不孝顺老人了。这个故事就是在告诫年轻的父母：别忘了，孩子随时都在看着你，学习你。

我理解你的困难，然而，你也不能不想一想"木碗"的故事，不能不顾及你儿子的反应，难道就让他心中的这块疑云一直伴随着他长大吗？

有人说过这样一句话：无论对谁来讲，母亲都是灵魂的故乡，生命的绿洲。

为了儿子有一颗健康的心灵，你是不是需要重新调整一下你所做的决定？

祝好！

王欣

1999 年 2 月

7 把您的"奋斗史"讲给孩子听

方先生：

您好！我是您儿子方圆圆的班主任王老师。因为一直没有机会和您见面，所以给您写封信，谈一谈我们共同关心的，有关圆圆的教育问题。

圆圆是个聪明的孩子，上进心特别强，在我们班上算是一个"小能人"，许多数学上的难题，圆圆解得最快，作文写得很好，常常被我当作范文在班上朗读，美术课上圆圆表现最突出，他的画多次参加市少年宫举办的儿童书画展，得到普遍的好评。我想，他的学习成绩这样优秀，和你们家庭教育关系密切，说明您和您夫人对孩子的学习是非常重视的。

在我们为孩子学习成绩优秀而欢喜的同时，我觉得，我们也不能忽视了另外一些应该引起我们重视的问题。因为圆圆还小，他不光要学习文化知识，还要学习做人的道理。

　　圆圆在班上只和几个家庭条件好，学习成绩也好的同学接近，对于那些家庭条件比较差，学习成绩相对落后的同学，态度冷淡。有一次轮到他做值日，我看见他站在讲台上用笤帚指着正在扫地的同学说："好好替老子扫地，我可是付了钱的！别看就两块钱，也够你们家买一天的菜……"发现我在看着他，他拿起了扫帚，象征性地划拉了两下。

　　事后，我找他聊天，了解他用钱雇同学替他扫地的事情。他侃侃而谈："在我们家里，扫地的人都是我爸爸花钱雇来的。我家里有的是钱，干吗还要叫我扫地？我用钱雇他们扫地，等于给他们找了一份工作，他们也可以挣钱养家了，这有什么不好的？"

　　孩子的话着实让我吃惊，他对于钱的作用竟然是那样的明白、透彻。

　　我知道，您是一位事业有成的人，我也知道，在您创业的过程中，历尽艰辛，您的创业史，就是一本绝好的教材。然而，孩子并不知道您的创业过程，他看到的是您今天的成就，以及这些成就带给他的享受。可能是平日里您因为忙于工作，和孩子的交流比较少，或者说没有告诉他您奋斗的历史，所以，他并不完全了解您。

　　由于年龄的原因，我们不能要求他像大人一样，深入地去思考一些问题，但是，我们当家长的，当老师的也不能只是一味地关心他的学习和身体，而是要经常关心他的思想，要给他讲一讲做人的道理，要防止他在优越的生活条件下逐渐膨胀优越感，特别是要教育他平等待人，这是一个关系到他将来做人处世的问题。您在这一方面本身是做得很好的，只是您没有和孩子好好交流罢了。看了我的这封信，您是不是应该拿出时间来和孩子聊一聊了？我相信，经过我们大家的努力，他会有明显变化的。

　　现在的孩子说敏感也迟钝。他们对新生的事物，对轻松愉快的享受接受起来很快，很敏感；对传统的东西，尤其是对那些约束他们的言行，需要他们作适当付出的东西，就显得迟钝得很。因此，学校和家庭需要互相配合，坚持不懈，才能有所成效。

　　知道您的时间很宝贵，但是也知道儿子对您来说更宝贵。

　　祝您工作顺利！

王欣

2003年6月

8　要让孩子信任你

何先生：

您好！

很高兴和您讨论关于如何取得孩子信任的问题。

您来信说，您的女儿不够信任您，她常常接听您的电话，偷看您的短信，甚至有时候还打电话到您的办公室了解您的行踪……

根据我的经验，凡是孩子对大人产生不信任感，起因大致在三个方面：一是大人在一些事情上，没有兑现自己的承诺，或者有什么事情让她产生了怀疑；二是孩子出于好奇心，想知道父母每天在忙些什么；三是孩子受了不健康宣传的影响，想探知大人的秘密。在这个问题上，女孩子比男孩子要敏感得多。

您首先应该弄清楚的是因为哪一种情况引起您女儿对您产生了不够信任的感觉，然后才好对症解决。

有不少家长，自认为孩子年龄小，不懂事，他们说话做事往往不把孩子放在眼里。比如随便给孩子一个承诺，星期天带孩子去公园玩。到了星期天，大人又有许多事情忙去了，孩子眼巴巴地盼着这一天，没有想到大人连这件事想都没有想起来，这时候，孩子的感觉会很不好的。而大人却觉得这没有什么了不起——小孩子嘛！岂不知这样做的结果是很有害的：它不但降低了大人在孩子心中的威信，而且容易影响孩子将来的诚信意识。所以说，要取得孩子的信任，大人首先要做一个讲信用的人。

如果排除了您自身的原因，我建议您从以下四个方面着手：

第一，不要揭穿她对您的监视，让她误以为您完全不知道她的行为；第二，表现出对她的充分信任，经常关心她，和她聊天，有意把您的时间安排告诉她；第三，创造条件带她到您的办公室或者同事和朋友家里去，让她较多接触您身边的人；第四，注意观察她的周围环境，排除影响孩子成长的不健康因素。

如果您能做到以上几点，女儿对您的信任感是会逐步恢复的。

另外，我还想告诉您，现在的孩子也普遍存在信任危机的问题。他们不信任家长，不信任老师，同学之间也互不信任，常常莫名其妙地怀疑别人，莫名其妙地恐惧，因而也会莫名其妙地做出一些不可思议的事情。对于这一点，家长和老师都很头痛。我们不可能把孩子关在真空里，只要她们在社会上生活，就会受到来自各方面的影响。尤其是一些负面的影响，简直是无孔不入。目前，无论是报纸、杂志，还是电影、电视，常常暴露人与人之间缺乏诚信，尔虞我诈，有些人心理晦暗，灵魂扭曲，做出些不齿于人类的事情等，对小学生肯定会造成消极影响。所以，我们除了呼吁国家宣传机构重视保护未成年人心理健康以外，还要重视自身的榜样作用，千方百计地保护好孩子的"眼睛"，尽可能地让她多看些真、善、美的东西。

有一个例子也许对您有启发。我的一位同事，平时不注意管好自己的手机，让儿子看到了一条朋友发来的短信，引起儿子的兴趣。于是，这个孩子经常想方设法偷看父亲的短信，对照父亲的作息时间，记录下父亲"说谎"的次数，以此来要挟父亲，造成家庭严重不和。事后，我的同事不无后悔地说："我哪能想到，朋友的一条短信，竟会惹来这样的麻烦呀！"

我相信您在这些问题上会处理得很好的。

不知道我上面的那些观点能否被您接受？很愿意和您继续进行深入讨论。

祝好！

王欣

2003 年 3 月

9 请在孩子面前保持风度

关泽田同学：

你好！发生在校长办公室里的风波已经过去两天了，我思来想去，觉得就这件事情还是应该和你再谈一谈，因为你那天在孩子面前太没有风度了，这是原因之一，原因之二是因为你是我二十多年前的学生。

我们做家长的，经常会遇到自己的孩子和别人的孩子发生矛盾的事情。怎么解决这个矛盾，不光能看出这个家长处理问题的能力、水平，更重要的是能看出这个家长平时是怎样要求自己孩子的。

对孩子要求严格的家长，无论自己的孩子吃亏了，还是沾光了，遇事先批评自己的孩子："为什么和同学发生矛盾？""你没有惹同学，同学就惹你了？""你好好检查自己的错误！"这样一来，对方家长就不大可能火冒三丈，这就有利于问题的解决。相反，孩子们之间发生了矛盾，家长立即追究别人的责任，像你前天那样："给爸爸说，是谁欺负的你？""你为什么欺负我儿子，你有几条命，胆子这样大？"……你的口气，完全不像是一位家长，更不像是面对一位风烛残年的老人，也不像是有老师和同学在当面。你这样说话，让老师怎样解决矛盾？让对方家长怎样开口？遇到一个火气大的，岂不是要爆发一场"战争"吗？幸亏对方来的是孩子的老爷爷，老人家的样子让人看了心酸，他一直在给你赔不是，答应给你的孩子看病，连你的儿子都说可以了，你还不依不饶，弄得我和班主任老师尴尬的都不知道怎样才好。我们都不说话，看着你表演够了，总算是给了我这个校长一个面子，扔下一句话扬长而去："先给我的孩子看病，看完了再说！"我们把孩子送到了医院，作了全面检查，除了手上划破了一点儿皮，别的什么毛病也没有。所谓"脑震荡"，完全是你虚张声势。

　　你可知道孩子是家长的影子，有什么样的家长，就会带出什么样的孩子来。你能当着孩子和老师的面欺负一个像你爸爸一样年长的老人，你的儿子就敢打了同学还要说同学欺负了他。难道你不怕他长大了也像你一样粗暴无理吗？不怕他以你为榜样来回敬你吗？

也许是岁月的原因，也许是你蛮横得连人也认不清了，竟不知道我就是你二十多年前的老师。我真是为你羞愧，也为自己羞愧！我没有勇气把咱们的关系公布在你的孩子以及那位老爷爷和班主任老师面前。二十多年过去了，你的脸上已经写满了岁月的沧桑，可是你的心灵却没有得到充实，竟然那样空虚，那样迷茫。这叫我怎么能不辗转反侧，感慨万千呢！

关泽田同学，去吧，去带上你的儿子主动给那个同学的爷爷承认错误，承认自己冒犯了年迈的老人，承认自己一时感情冲动。用这个行动给你的儿子树立一个新的榜样，挽回你在儿子心里丢失的威信。关泽田同学，好好读点书吧，用知识武装一下你的头脑吧。不要再停留在你现在的水平上，我很希望看到你的改变，这不光是因为我关心自己二十多年前的学生，更因为我关心我今天的学生。

祝你进步！

你的王老师

2003 年 6 月

第二篇 你可以拨动他求知的心弦

10 "家教"要有新理念

沈丽华的妈妈：

　　您好！

　　我们一直没有机会见面（主要是您太忙），我又有许多话想说给您听，所以，就给您写了这封信。

　　记得沈丽华是在四年级的时候转到我们班的，那时候，她的学习成绩不算太好。但是，她很懂事，很自觉，任课老师都夸她听讲用心，作业完成得好。到了五年级，丽华越来越用功，成绩也越来越突出，基本上稳定在班里的前三名了，再加上这孩子诚实、善良、爱劳动，所以，在她上五、六年级两年的时间里，连续被评为"三好学生"。我知道，孩子能够这样上进，和您的家庭教育关系极其密切，我很想接触您，很想了解您教育孩子的方法。可惜，每次家长会您都没有时间参加，我去过您家里几次，也只有丽华一个人在家。通过和孩子的多次交谈，我才了解到您的教育理念很正确，您要培养的是一个"又会劳动，又会读书，踏实上进，心理健康"的沈丽华！

以前，我只知道您是从农村出来的，但我不知道您离开家乡的主要原因是为了孩子的学习。丽华说，你们家乡的教育十分落后，学校三天两头停课。为了她的学习，您和她的爸爸商量，由您带着女儿来城里上学。他和儿子先住在农村，等儿子上到三年级的时候他们也一起来城里。为了两个孩子，你们夫妻竟然决定背井离乡，这充分说明，在你们的心里，孩子是第一重要的。

我很钦佩您的胆识。一个女同志，在城里举目无亲，竟然为孩子找到了一所最好的学校，您仅靠自己身上的几十元钱，竟然摆起了菜摊，并且日有所进，供养孩子上学。听丽华说，您每天早晨四五点钟就起床，登上三轮车去蔬菜批发市场。无论是春夏秋冬，还是风霜雨雪，您几乎没有歇过一天。

我很钦佩您的策略。在丽华学习成绩并不理想的时候，您给孩子说的是："不要和别人比成绩，你的基础不如他们，目前肯定比不过。妈妈只要你每天有一点儿进步就行了。"在孩子名列前茅的时候,您又说:"天外有天,人上有人,不要以为自己就到顶了……"。

我很钦佩您的眼光。无论丽华的学习有多忙,您要求她每天早晨都要帮助您出摊,理由是:"光读书,不劳动,就成了半个'废人',又会读书,又会劳动的人,才是个'全活人'……"

当丽华把这些都告诉给我的时候,我不由自主地发出一声感叹:"丽华,你有一个值得骄傲的妈妈!"

虽然您的文化水平并不高,但是您的教育理念却很新,沈丽华在您的教育下,一定会成长为一个品学皆优的有用之才。

我诚恳地邀请您来我们班作客,咱们俩好好交流交流。另外,我想请您给我们的家长讲一讲您的教育思想,讲一讲您培养孩子的方法。具体时间,我会和您联系的,希望您不要拒绝。

再一次向您表示我的敬意。祝您身体健康。再见!

王欣

2003年7月

11 阅读一生受益

勤勤的妈妈：

您好！

您来信问我如何提高孩子阅读兴趣的问题，我很高兴。金庸先生说过，只要读书，自然而然会得到熏陶，性格就美丽了，做人的乐趣也来了。可见，是否喜欢阅读，是一个关系到孩子将来如何做人的大问题。况且，浓厚的阅读兴趣，可以丰富孩子的知识，帮助孩子确立人生目标，树立远大理想，来日厚积薄发，与孩子成才与否关系极其密切。

我想，您是否可以从以下几方面着手：

第一，创造氛围影响他。由于年龄小，小学生很容易"跟样儿学样儿"，这大概就是孟母之所以三迁其居的原因吧！所以，您一定要注意给他创造出一个读书的氛围：比如在装修房子的时候，注意留有书柜摆放的地方；平时带他上书店购买各种书籍；大人经常保持读书的习惯；经常和他交换读书心得等。他在这样的环境中耳濡目染，必然会对书籍产生兴趣。

第二，带头阅读激发他。今天，火爆的图书市场，给小学生提供了大量的阅读资料，适合儿童阅读的书籍多得数不胜数。开始的时候，您可以从中选择一些读物，自己先读，将其中的故事讲给他听，有时候，还可以有意和他讨论故事情节，向他灌输书中的思想和观点。时间长了，受您潜移默化的影响，孩子就会逐渐由听读，发展为自读，再发展到手不释卷。榜样的力量是无穷的。相信有了家长的带头阅读，就会有孩子的学习阅读，这中间会有一个时间问题，您千万不要急躁。

第三，选择读物引导他。孩子对哪一种读物感兴趣，很大一部分原因是出于他的爱好。有些孩子从小喜欢文学，他就愿意阅读文学名著，有些孩子热爱科学，他就爱看宇宙、航天、航空以及军事等方面的书。我们应该一方面支持他的爱好，另一方面向他推荐有利于提高思想道德品质、有利于学习历史、有利于提高文学修养的书籍阅读。要知道，一滴墨水可以引发千万人的思考，一本好书可以改变无数人的命运。在现实中，还有一些孩子，迷上了不健康的读物，这可要引起家长足够的重视，要想尽办法让孩子远离有害读物。总之，大人对孩子在读书问题上的引导宜早不宜迟，孩子的年龄越小，成效越大，一旦孩子上到初三以后，家长在这方面的影响力就很有限了。

　　第四，开展活动表扬他。随着孩子阅读兴趣不断提高，阅读能力也会不断地加强，积累的知识就会不断地增加。小孩子是喜欢"显摆"的，所以，家长就要投其所好，在家里组织一些小型活动，如背古诗、讲故事、猜谜语、做手工等，给孩子一些表现的机会。还可以支持孩子参加一些社会活动，如和小朋友通信，给报刊杂志投稿等，都有利于进一步激发他、推动他。

　　据调查，当今世界上，经济越是发达的国家，家庭对培养孩子读书兴趣重视程度越高，像以色列，像美国，像日本等国，都是走在最前面的。日本的东京，在前几年的时候，每户每月的教育开销为二百七十美元，占家庭总开支的五分之二以上。当然这些开支不光是为孩子购买书籍，也包括其他的教育投资。我们要看到的是，与他们相比，我们国家落后多了。

　　阅读技能是孩子一生受益无穷的本领，您能够注意到这个问题，是一件很重要的事情。希望您坚持不懈关心孩子的阅读问题，不断总结，不断提高，取得最好的效果。愿书籍能和您的孩子相伴一生！

　　祝好！

王欣
2002年6月

12 看电视也是一种学习

祝先生：

  您好！

  最近没有见到您，一定很忙吧？

  前两天，我在学生中作了一项关于课余时间看电视的问题调查，有一部分学生反映，他们放学以后，家长限制看一小会儿电视，一部分学生反映家长不限制看电视的时间，有极个别同学反映，家长从来不准看电视。这其中就有您的儿子祝庆祥。

  庆祥在调查表上这样写：尽管电视已经普及到了千家万户，可是，没有普及到我。在我们家里，有两台电视机，一台在客厅，一台在爸爸妈妈的卧室里。我每天的行动路线是：大门——饭厅——卫生间——书房（兼卧室），所以难得与电视碰面。况且，爸爸有言在先：重点中学录取之日，就是我与电视见面之时。

孩子很幽默，他没有直接表示他的不满，但是，谁也能看出来，他的内心是有想法的。所以我觉得有必要和您谈一谈这个问题。

我想，对于一个小学生来说，他除了要在学校接受教师的课堂教育以外，还应该接触社会，认识更多的事物，接受更多的知识，这对于提高孩子认识事物的能力至关重要。电视就是一种很好的传媒工具，现在的电视频道很多，节目很丰富。尤其是教育频道，少儿频道的开播，更是为孩子们展出了一幅幅生动的画面，提供了大量的在课本里无法学到的知识，您可能没有看过这些频道，以为孩子打开电视就是看那些让大人特别心烦的动画片，所以才严格禁止庆祥看电视。

我理解您的心情，理解您对他的期望。可是您是否想过，在别的孩子都在津津有味地看电视的时候，您却强行把他关在书房里，他的心能平静吗？他这时候能用心读书吗？依我看，这是抽刀断水水更流！再说，现在是一个信息爆炸的时代，电视的确能给孩子带来地球各个角落的最新信息，不让他接触电视，他将比别的孩子少获得无数资讯，这实在是一个很大的损失。

我建议您，每天给庆祥一会儿看电视的时间，您也可以向他推荐一些频道的栏目，一方面让他获得知识，另一方面让他调节神经，总是把孩子的注意力集中在课本上，把孩子的头脑禁锢在一个范围内，实在是很不科学的。

  我看庆祥是一个懂事的孩子，他会安排好自己的时间的，您完全不用担心他一旦看上电视就再也不关心学习了。因为在班上讨论关于怎样安排自己的课余时间这个问题时，庆祥的观点是很正确的，他理想的安排也是很合理的。您应该相信他。

  有位作家曾经这样说过，不要怕学习新的东西，知识没有重量，是可以随身携带的宝藏，没有人会被它压垮，而是愈多愈身心矫健。

  怎么样，您能接受我的意见吗？很想早点儿看到庆祥高兴起来！

  祝好！

王欣
2003 年 9 月

13 "偏科"有害

慧可女士:

　　您好!

　　我是您女儿的班主任王老师,我想跟您谈一谈有关聪聪学习的一些问题。

　　聪聪的名字起得好,她的确是一个聪明的女孩儿。上课的时候,我只要看到聪聪用心听讲,这节课的内容她就能全部掌握;课外活动中,她给同学们编排的节目,总能拿奖;有几次,聪聪给班上策划的主题队会,内容新颖,形式活泼,受到大队辅导员的称赞;尤其是每次学校召开的大型文艺演出,聪聪无论是唱歌,还是弹琴,样样出色,深受老师们和同学们的欢迎。可以这样说,除了语文、数学两门课程以外，聪聪的其他课都是可以打优秀的。

孩子有点儿偏科了！

聪聪最怕写作文，一到作文课上，她就双手托着腮帮，一双大眼睛迷迷茫茫的样子。我知道，聪聪对学过的语文书里的字词，绝大多数都没有记住，她用什么写作文呢？数学作业本上，聪聪做过的习题，打红钩的寥寥无几。每一次班上搞作业展览，聪聪都觉得很没面子，有几次，她悄悄把自己的作业本子拿掉了……

聪聪这样偏科，我觉得和您的教育理念有直接的关系。记得在孩子还小的时候，我就曾经和您交谈过，您的原话好像是："我们聪聪，将来就吃钢琴饭，别的课，有时间学一学，没有时间就算了……"您给孩子每周安排一次钢琴课，一次声乐课。在家里，您要求孩子每天弹三个小时的钢琴，聪聪的一双小手当然每天都得活动在键盘上，自然就没有了时间翻阅在学校学习的书本了。另外，聪聪由于专心于音乐，她逐渐对语文数学失去了兴趣，在上这两门课的时候，她的思想就不集中，她甚至在上课的时候都不自觉地哼起了曲谱，把桌子当作键盘敲击起来。

聪聪和班上的另一类学生正好相反，他们是每周都要学习作文和奥数，也是累得喘不上气来。我发现，不同的家长，因不同的设想，而给孩子规定了一条不同的成长道路，岂不知这种有悖成长规律的家庭教育，严重影响了孩子的全面发展。

您可能也知道，小学教育，是基础教育中的基础。教学大纲所规定的科目，是一个人一生中学习文化的开始，也是一个人一生中应该接受的思想道德、自然科学、历史常识、文艺体育教育的开始。所以，哪一科都轻视不得。

难道您不希望您的女儿长大以后是一个全面发展的人？她钢琴弹得特别娴熟，她有文化、有学识、有教养，她的身体和心理都很健康，那该有多好啊！

亡羊补牢，为时不晚。我希望您调整一下孩子学习钢琴的时间，争取给她把语文和数学补上去。毕竟，她小学还没有毕业，肯定是来得及的。

有专家说，人的成长是有规律的，关于人成长的学问是一门科学。教育也是有规律的，也要符合科学。我觉得您如果多多学习一些关于如何培养和教育孩子的这门科学，聪聪的未来可能会更让您宽慰！

祝好！

王欣

2003年9月

14 小学生与"奥数"班

刘冰清女士：

您好！

收到了您的来信已经有一周时间了，没有及时回复的原因很简单，就是因为我对您所提出的问题难以作出准确的答复。因为当前在小学生学"奥数"的问题上，基本上是处于这样一种状态：国家明确规定各级教育部门不能举行"奥林匹克""华罗庚杯""祖冲之杯"等数学竞赛。因此，以前那些盛行一时的"奥数班"绝大多数都销声匿迹，极少数人还在顶风办班，半遮半掩，忽明忽暗，家长们也是费尽心机，想方设法把孩子送到那里去学习。

为什么会有这么奇怪的事情发生呢？原因很简单，重点中学招生时考"奥数"。以前重点中学招生主要靠统考统一分配，或凭各大赛事的获奖证书这样两个渠道录取。现在一不统考，二不竞赛，重点中学总得录取"尖子生"吧，于是就以孩子解答"奥数"题的能力来衡量学生的智商。为了给孩子争取一个上重点中学的机会，广大的家长，从小学三年级开始，就给孩子找"奥数班"，到了六年级毕业前夕，"奥数班"加紧培训，家长花钱无数，并且陪读陪练，两代人累得不亦乐乎！

毋容置疑，数学是思维的体操。它是一门具有高度抽象性、严密逻辑性和广泛实用性的科目。"奥数"所涉及的内容，有益于培养和发展学生的分析问题和解决问题的能力。就我了解，之所以当年国家每年举行数学比赛，一方面是为了培养学生的数学兴趣，另一方面是为了适应那些学有余力的学生的需求，还有一个原因，就是为国家选拔人才。这本来是一件无可非议的事情。谁知道后来事情的发展竟然与国家的初衷背道而驰，取消各种比赛也是不得已而为之吧！说到底，还是因为我国的教育改革落后，各个中学的师资力量发展不够平衡造成的。

面临当前的情况，家长茫然不已。学"奥数"吧，明明增加孩子的负担，不学习吧，又怕进不了重点中学。和您有着一样苦恼的家长不止千万！

我想，您的孩子上不上"奥数班"，应该根据孩子的实际情况。假如他特别喜爱数学，对数学有浓厚的兴趣，您就不妨送他去这样的地方学习。因为这样孩子才能既无负担，又学得轻松，智力得到开发，能力得到提高。如果您的孩子基础较差，您就不一定非要他上"奥数"班了，还是打好基础重要。因为这样的孩子如果学"奥数"，既加重了他的学业负担，又影响了他的身心健康发育。但是，有一句话您要记住了：无论学不学"奥数"，都要征得孩子的同意，因为孩子是学习的主体。否则就会落一个事与愿违的结果。

总的来说，今天的家长培养孩子应该把握"全面发展，突出特长"的原则，这八个字完全符合素质教育的要求。

这样回答您的问题，很实际，但是，有悖于国家的相关规定，我心中也很矛盾。

就这样吧，再见！

祝好！

王欣
2003 年 10 月

15 她为什么不能按时完成作业

冷梅女士：

　　您好！

　　来信收到了。您在信里说，您上二年级的女儿每天的家庭作业问题让您头痛不已，她总是趴在桌子上写呀写呀，一直写到很晚。这种现象在小学生身上很普遍，您不必为此特别烦恼，只要了解清楚孩子作业不能按时完成的原因，采用正确的方法进行引导，纠正过来还是大有希望的。

　　作业完成得如何，与她课堂上的学习有直接关系。您首先应该和学校的老师取得联系，了解孩子在学校的学习情况。问一问老师，她上课是否用心听讲，老师每天讲的知识她是不是全明白了。如果她接受知识有困难，那么，回家以后完成作业当然就不容易了。同时，您要了解孩子的作业量，有的老师布置的作业很多，也是造成孩子作业不能按时完成的原因之一。

孩子的作业完成得如何，与她平常做事情的习惯也有关系。有的孩子是急脾气。小小的年纪，做事情风风火火，所以作业写得很快，三笔两笔就画完了，但是正确率比较低；有的孩子很稳当，做什么事情都不急不躁，写作业很认真，很用心，所以作业完成得很好，书写整齐，正确率很高；有的孩子是慢脾气，做事情比较磨蹭，写作业也不例外，写一个字需要半晌的时间，当然就得趴在桌子上写呀写。

孩子的作业完成得如何，与她写作业的环境还有关系。有的家庭给孩子安排有学习的地方，她不受干扰，能够比较安静地学习。有的家庭因为各种原因，没有给孩子一个良好的学习环境，她在大人的走动中，在许多人的说话声中学习，自然就很难静下心来。

当然，也可能还有其他一些情况影响学生完成作业，我这里说的是几种比较普遍的现象。

您的女儿属于哪种情况，您先得弄明白原因，我们再来想办法。

孩子在学校的学习问题，您要和老师多沟通，让老师费心把她盯紧一点儿，以免她上课走神。另一方面，在家里想办法。您可以经常和她交流学习情况，了解她存在的困难，然后帮助她解决困难。要经常听她背诵课文，和她一起做数学习题，帮她纠正作业本上的错题等。记住，不要指责她。要想方设法地鼓励她："这道题错了，大概是我们粗心了，妈妈陪你再来做一遍，没问题，一定能做对的！"经验证明，受鼓励的孩子，上进心要明显地高于那些经常受打击的孩子。如果老师布置的作业量过大，您要和老师沟通，把孩子完成作业所用的时间告诉给她，提醒她调整作业量。

培养孩子做事的习惯，关系到孩子将来做事的效率，良好的习惯会受益终身，可惜家长们都不太在意，认为习惯与生俱来。其实后天的培养至关重要。您平时应该培养孩子按时完成任务的习惯。起初可以要求她做很小的事情，用的时间也很短。她按时完成以后就表扬她；"不错，你的速度真快呀！"——让她感受到成功的喜悦。慢慢地可以让她做花费时间稍长一点儿的事情，她即使完成得还不够理想，也要表扬她比以前快了许多。

至于学习环境的问题，我想，不用我说，您也会明白它的重要性，您会给孩子安排一个理想的学习环境的。

在很多时候，发生在孩子身上的现象，其根子还在我们家长或者老师身上，所以我们不要遇到问题立刻怪罪于孩子，应该先检查大人在传授知识，培养习惯方面是否尽到了责任，然后再对孩子进行积极的引导，成效一定是很显著的。不知道我的意见能不能解决您的问题？

欢迎来信来电话进一步讨论。

王欣

2000 年 11 月

16　让孩子爱写作文其实也不难

小岩：

　　你好！

　　好久都没有联系了，突然接到你的信，很高兴。

　　不过，看了你的信，让我很吃惊，你因为儿子不爱写作文的事，竟然觉得没脸见人，连工作都想辞掉了。这恐怕也太严重了吧！

　　小学生不爱写作文的现象很普遍。这符合现代儿童的特点，他们多数怕吃苦，愿意用嘴巴说话，不想动手写字；再加上他们不太注意观察所谓的"人""事""物"，没有东西可写，当然见了作文就头痛。所以，每两周的一篇作文，还有每天的日记，都成了孩子的沉重负担，家长自然就背上了沉重的负担！

你问我怎样才能让孩子喜欢上作文？说起来是一件不太容易的事，但也不是一点办法也没有。你不妨试试下面的几点建议：

1. 无论孩子写出的东西怎样，都要用赞赏的语气来肯定他。"这件事情被你观察到了，好，真是个有心的孩子！""这个句子写得生动，还打了比方，不错！""这个词语是你在课文里学的吗？用在这里很恰当。"无论孩子的作文写得怎样，您千万不要在人多的时候批评孩子作文写得如何差劲。"你写了些什么呀？乱七八糟！"

2. 给孩子做个榜样把发生在身边的事情记下来。孩子每天除了上学，其它的时间几乎都在你的眼皮底下转。家里每天有很多事情发生（不是只有惊天动地的事才可以写作文的），你可以和孩子一起有意无意地聊一聊，帮助他了解事情的经过，分析人物特点等，这不但有助于引起孩子的观察兴趣，而且也是帮助孩子认识人生的一种有效方法。

3. 不要给孩子买大量的作文书。开卷有益，是对那些有兴趣阅读的人说的，在你的孩子没有兴趣阅读的时候，就成了"开卷就烦"，这样不但无益，反而有害。要让他去读自己喜欢的课外书。要承认，每个孩子都有自己与生俱来的兴趣爱好，这就是"个性"。只要他从小读的书多，积累就多，将来都能派上用场！

4. 不要太勉强孩子写那些言不由衷的东西。写文章，本来是人们用书面语言宣泄感情的一种形式，小孩子没有什么感情需要宣泄，做不出来文章应在情理之中，这并不代表他将来长大成人以后不能用文字和人交流。"狗大自咬，女大自巧"不是没有一点道理的。

5. 和孩子一起写日记。我有个年轻的朋友，为了帮助他的女儿提高写作水平，坚持写了三年的家庭日记，每天在家里的饭桌上公布。有的内容他觉得特别生动，就把它们贴在家里的墙壁上，和大家一起欣赏，客人来了也一起看，盛赞他别出心裁。这件事引起了他女儿浓厚的兴趣，于是，女儿主动提出和爸爸一起写家庭日记。三年下来，不光积累了几万字的家庭生活材料，可以出一本书，更重要的是，他女儿对作文的兴趣大增，水平大有提高，在许多报刊上发表了文章，初中毕业，语文成绩遥遥领先。这个年轻的朋友在教育孩子的问题上用的是"身体力行"的方法，很值得学习。

怎么样？我提出的这五点建议，对你有帮助否？

有一点还要说明的是，无论孩子的作文成绩怎样差，你也不要觉得没脸见人，更不要辞去工作，培养一个孩子可不是养一朵花，最多一年时间说开花就开花了，这是要付出漫长努力的。

王欣

2003 年 6 月

17 承认差别，不要给孩子施加过大压力

胡先生：

您好！

您来信谈到关于"为学习要不要给孩子施加压力"的问题，这是一个很值得学校和家长们共同思考的问题。

我们首先要区分清楚什么是对学生正常的要求，什么是施加压力。

在日常生活中，老师和家长经常教导学生，要有上进心，要严格要求自己，努力学习，争取好成绩。这应该不算施加"压力"，它属于正常的教导，也是每一个学生应该做到的。因为知识的积

累是需要付出劳动代价的，没有辛劳，就不可能有收获。如果一个学生，没有上进心，不知道用功学习，那么，作为他的家长，给他以正确的教导，严厉的批评都是无可非议的。

和上面的作法不同的是另外一种情况。

家长对孩子的希望值很高，他们不顾孩子实际的接受能力，一厢情愿地给孩子制定了一个奋斗的目标，要求孩子达到，造成了孩子思想和身体的超负荷运转。这种情况应当是属于施加压力了。

属于正常要求的要坚持，属于施加压力的要迅速改正。下面我就主要谈一谈为什么不能给孩子施加过大压力这个问题。

凡是给孩子施加过大压力的家长，一般都是因为对孩子期望值过高。天下的父母都愿意自己的儿女出人头地，然而，天下的孩子，却是来自于千千万万的家庭。不同的孩子有着不同的遗传，更有着不同的成长环境，为什么要用同一个标准来要求不同的孩子呢？所以，最科学的办法是，家长先把自己的孩子了解清楚，再给他制定符合他实际情况的奋斗目标。不切实际的要求，不仅无益，反而有害。孩子一旦因压力过大而对学习失去兴趣，他的成绩不但提不高，反而会越来越差。

给孩子施加过高压力的后果是很严重的。强大的压力，往往会造成孩子心理负担过重。那就有可能造成孩子思维过于集中于学习，没有广泛爱好，不活泼，不开朗，少年老成；可能造成孩子好胜心特别强，凡事都要争第一，不甘落后，人际关系不好；可能造成孩子经不起挫折，一旦成绩不理想，就万念俱灰，个别的还会发生出走，甚至走上犯罪的道路等。这些失败的教训，实在是难以尽述。

另外，有一部分家长，很了解自己的孩子，把培养一个"健康的孩子"放在首位。他们给孩子一定的自由，不勉强孩子一定要向第一看齐。只要他不断进步，就给予肯定。在这样的环境里成长的孩子反而学习积极性更高，成绩也更突出。跟踪调查，这些孩子走上社会以后，无论是应对社会的能力，还是思维反映力都比那些被家长逼出来的孩子要强得多。

这些问题目前也许家长会不以为然，但是，不要忘记，小学阶段，是孩子认识社会的开始。在这个阶段，他的兴趣、爱好，包括性格，都会逐步形成。一切不良的成长因素都会给他带来一定的负面影响。

最后，我还想告诉大家，小学生还处于思维发育的旺盛时期，小学阶段学习成绩落后的学生,并不能确定他以后就必定落后于人,因为小孩子还有一个"发蒙"早晚的问题。在我教过的学生中,有许多人上小学的时候,顽皮、淘气,成绩很不理想。可是,今天他们中的不少人,上了大学,找到了很理想的工作。即使没有上大学,他们也在不同的岗位上有所成就。

不知道我的建议能给您帮助否?就谈到这里吧!再见!

王欣
2003 年 9 月

18 特长训练，因人而异

牛先生：

您好！

我想给您提一个意见，不要让牛耿参加那么多的"特长班"培训了。

牛耿只有十二岁，他除了要完成学校的学习任务以外，每周参加的培训班竟有六个之多，这未免负担太重了吧！据我所知，牛耿的周六和周日，要上作文、奥数、外语、钢琴、绘画五个培训班，其中奥数上两次，一共得学习十二个小时，加上来回往返的时间，孩子每周的休息日被侵占得一无所有了。

据牛耿说，您让他在培训班里学习语文、奥数和外语，是为了迎接重点中学的考试，学习钢琴是为了培养一个特长，学习绘画是为了将来有口饭吃……您为了孩子的将来，可真是未雨绸缪，精心设计啊！

如今的家长个个望子成龙，为了这唯一的目的，不惜牺牲孩子的健康，剥夺孩子的快乐，把孩子逼到一条独木桥上。我们回过头来站在孩子的立场上替他想一想，这样繁重的学习任务会不会把他压垮了呢？

牛耿因为周六和周日不能得到很好的休息，每周一到学校上课时，总是一副疲惫不堪的样子，他这一天的作业完成得特别不好。平时他甚至很少和同学们玩，一有时间，就趴在桌子上算题。有一次升国旗的时候，牛耿竟然晕倒在了操场上！

是的，我们不得不承认，今天的孩子，面临的挑战很多，为了迎接挑战，他们应该学习更多的知识。然而，在您为他知识储备厉兵秣马的同时，您可曾想到他的年龄、他的身体？他是不是能够进食如此大剂量的"补药"？

您也可能说，您周围的孩子都参加培训班，牛耿不参加，岂不落后于人！我觉得，一个孩子落后不落后，并不能拿他参加培训班的多少来衡量，而是要看他是否有一颗快乐的心，是否有一个开朗的性格，是否有一定的理解问题和解决问题的能力。再说，不是所有的孩子都需要进行提前培训，也不是所有的孩子都得学习钢琴、绘画。每个家长要根据自己孩子的实际情况，发现孩子真正的"特长"，然后考虑制定培训计划，而不是别的孩子学习什么，我的孩子也一定要学习什么。这种攀比是完全没有必要的。科学地讲，对大多数学生来说，长大了成为普通的人居多，因此家长不必刻意去追求要使孩子怎么发展，而应该遵循人才成长规律，是小草就让它装饰大地，是参天大树就让它成为栋梁之材。

但愿您能听取我的意见，减轻牛耿的负担。

祝好！

王欣

2001年4月

19 一定有保护好她的好奇心

小草的妈妈：

您好！

你们的小草，真是可爱。昨天下课以后，她拉住我的衣角问我："王老师，为什么我妈妈总是烦我问她'为什么'？"刚上一年级的孩子说话像是绕口令。我听明白了她的意思，就领着她到了我的办公室里。问她："什么叫烦呀？""烦还不知道，烦就是，去去去！"她天真的样子逗得全办公室的老师都笑了。接着，她绘声绘色地给我讲述她经常问您的问题：为什么云总在天上飘而不到地上来和我玩呀？为什么有的老虎关在笼子里，有的老虎不关在笼子里？为什么我要把妈妈的妈妈叫姥姥，而把爸爸的妈妈叫奶奶？……"妈妈怎样回答你？"我问她。她把嘴一撇："妈妈就会说：'去去去！我忙着呢！别再烦我了！'"

她的话，又天真，又有趣。我摸着她的头发，一字一句地对她说："妈妈不是烦你问问题，妈妈当时可能太忙了，顾不上回答你的问题，才让你去玩一会儿的。你以后有了问题，也可以问同学，还可以问老师，还可以问书呀！不管谁解决了你的问题都可以，是吗？"小草懂事地点了点头。

送走了小草，我忍不住又想起她说的话。我知道，您肯定不是像小草说的那样烦她，但您也肯定是没有重视到孩子强烈的求知欲望，以及她迫切希望与您交流的心情吧！所以，我要给您写封信，就如何保护孩子主动提问的积极性一事与您交换一下意见。

根据我们的经验，凡是能提出问题的孩子，都是善于观察生活的孩子。都是聪明的孩子。有一位世界著名的教育家说过："观察对于儿童之必不可少，正如阳光、空气、水分对植物之必不可少一样，在这里，观察是智慧的最重要的源泉。"所以，您应该高兴您有一个善于观察生活的女儿。

善于观察的孩子十分注意发生在自己身边的一切人和事，十分注意自然环境、社会环境的变化，她们经常用还不完全发达的头脑去思索，当他们思索未果的时候，就要求助于大人，因为，在他们的眼里，大人什么都知道。这就是您的女儿不住地问您"这是为什么""那是为什么"的原因。

面对孩子的提问，我们做大人的，有许多问题都回答不上来。怎么办呢？来一个缓兵之计："妈妈这一会儿忙，等一会儿再回答你！"作出谦虚状："妈妈真笨，我也不知道为什么，你去问问小朋友，或者问问老师，回头讲给妈妈听。"鼓励孩子探究："咱们一块儿查一下书，看看书上是怎样讲的。"如此这般地回答，她会很高兴的。当然，更重要的是作为家长，也要热爱学习，尽可能地让孩子从您的嘴里得到问题的答案。可惜，我们许多家长常常因为工作忙或者其他的原因，忽视了孩子的提问，不知不觉中熄灭了孩子跳动的思维火花。

好奇是儿童的天性，保护儿童的好奇心，是每一个聪明家长正确的选择。

下次小草再问您"为什么"的时候，您可别再让她"去去去"了！

就说到这里吧。

再见！

王欣
2000 年 5 月

20 给孩子一些自由支配的时间

宽松的妈妈:

您好!

关于要不要给孩子自由支配的时间问题,我想谈一谈我的看法,但愿能给您一些帮助。

我们大家都知道,一个人来到这个世界上,他所拥有的最大的、也是任何人都不缺少的财富,就是时间。如何利用这些时间,将是决定一个人成功与否的关键。

在读小学期间,孩子们的时间除了吃饭和睡觉以外,大部分让在校的学习任务占用了。鉴于我国的具体情况,他们必须花费大量的时间坐在课堂上听讲,而且要在放学以后,利用许多时间来完成教师布置的各种书面作业。与许多经济发达国家的儿童相比，我们中国的儿童，基本上没有属于自己自由支配的时间。这应该说是一件可悲的事情。然而，由于孩子个性的差异，学有余力的孩子还是大有人在的。他们在完成学习任务以后还有一些空闲时间，这些时间怎样利用，不同的家长有不同的认识。

有的家长认为，孩子在完成学校的学习任务以后，应该给他一定自由支配的时间。我有一个同学，她的儿子从上小学开始，学习就十分轻松。这个孩子的空闲时间基本上都是在运动场和书桌旁度过的。他喜欢踢足球，每天下午一场球，天天不落，所以身体很棒，为他以后的刻苦攻读打下了身体基础；他读书范围之广超乎想象，当今的，历史的，中国的，世界的，什么书都读，所以他的知识面很宽，想象力极其丰富，高考作文近乎满分。这个孩子的父母基本上不过问他的时间安排，只是不断地帮他从图书馆里借书、借杂志、拿报纸。现在他已经从清华大学毕业，又在美国读到博士毕业，供职于一家著名的研究所。

与他们形成对比的是另外一种情况，家长把孩子所有的时间都掌握在自己手中。这些孩子上学归教师管，放学归家长管。尤其是放学以后，家长完全按自己的意思给孩子安排学习、锻炼，或者还有一些其他事情。这些家长，从来不问孩子的意愿是什么，只是把他们像一块木头一样，摆来摆去，孩子们完全没有自由可言，他们也就没有了思考的必要。久而久之，这些孩子会变得拘谨，缺乏创意，遇事没有主见，甚至有些人还会变得木讷、胆怯，心理脆弱。客观地讲，这应该算是家长失败的作品！所以，我想提醒大家，千万不要这样做，千万不要把大人的意志强加在孩子的身上。

　　说到这里，我的观点已经非常明确了，那就是，要给孩子一定自由支配的时间，要让孩子们享受童年的情趣。让他们在这段时间里，做他们喜欢做的、特别入迷的事情。当然，这些事情是指那些能够发展他们的思维，丰富他们的知识，提高他们技能，有益于他们的身体的事情。

　　还有一点要提醒大家的是，给孩子自由支配的时间，并不等于放任自流，并不等于任由他们想干什么就干什么。在孩子还不会安排自己的时间时，家长要给予精心的指导，要通过言传身教，让孩子学会合理的安排和利用时间。

　　有人戏称，小时候会安排时间的孩子，长大以后绝对会理财，因为时间的确是一笔财富。

　　您的孩子叫"宽松"，这个名字起得好。我想您本来的愿望就是想把"宽松"当作一生的礼物送您儿子的，对不对？

王欣

2001 年 4 月

21 让孩子和"爱"一起成长

蒙蒙妈妈：

您好！

您的来信，给我的眼前展现了一幅幅生动的画面：您家的大门上有蒙蒙画的大树，您家客厅的墙上，有蒙蒙画的山水，您卧室的墙上有蒙蒙画的守巢的老鸟……真是生动有趣极了。您大可不必为此而烦恼，相反，您应该高兴才对，因为您的蒙蒙已经表现出了他对绘画浓厚的兴趣，而绘画是发展孩子创造性思维和想像力的重要手段之一。

儿童认识世界，就是从认识图画开始的。在幼儿园里，阿姨在黑板上画一个苹果，问孩子："这是什么？"孩子们会说："这是苹果，"这时候，有一个孩子站起来指着黑板上的苹果对老师说："老师，苹果是红的，您应该给它染上红颜色才对。"这个孩子就是将他对生活的观察用在了图画上。这个红苹果，就是促使儿童通往形象思维的道路上的一个阶梯。

在小学的课堂上，教师常常用一幅幅生动有趣的画面向孩子们展示世界。无论是辽阔的草原，还是潺潺的小溪，无论是异国的风情，还是家乡的典故，无一例外地给孩子们提供了想象的空间。图画成了孩子们施展创造性想象力的源泉。有许多孩子还把图画运用到自己的作业里。有不少的孩子，常常用图画完成书面作业，他们有的给"卖火柴的小女孩"画了一套漂亮的衣服让她不再受冻，有的给"小羊"画了一把宝剑，让它用这把宝剑刺死凶恶的"狼"，还有的孩子画出了自己的向往画，他像天使一般长着一对翅膀，与外星人一起遨游宇宙……

在孩子们初步掌握绘画技能以后，他们就开始用自己的画笔到处表达自己的感情。无论是学校的操场，还是家里的墙壁，随处可以看见他们的作品。一条曲线就是一条小河，一片叶子就是一个明媚的季节，一条蹲在马路边的小狗，就是一个弃儿……您想一想，在您的家里，是不是到处都可以看见蒙蒙那简单而又深刻的画面？这绝对是一件让人十分快意的事情！

我劝您，在家里给蒙蒙开辟一面墙，作为他的画板，供他涂鸦。如果条件允许，就给他聘请一位美术老师，指导他从美术的基础知识学起。您要利用一切时间陪上蒙蒙到郊外去，让他欣赏大自然，观察大自然明丽的色彩和优美的线条，体会大自然的和谐美……

　　如果你们能够精心培养，一个大画家说不定就诞生在您的家里。

　　最后，我还要告诉您，一个孩子如果对周围世界充满鲜明的审美情趣，这个孩子一定会与"爱"一起成长。

　　祝您的蒙蒙有更多的作品问世。

王欣
2003年6月

22 厌学的情绪要纠正

刘女士：

　　您好！

　　您来信反映您儿子厌学的现象，在小学生当中占有一定的比例，这是一件让教师和家长都很头痛的事情，我们一直在研究解决它。下面，我谈一谈我对这种现象的了解，希望能给您一些有益的启示。

　　小学生"厌学"的表现有两种情况。第一种是上课愿意听讲，积极发言，下课就是不写作业，成绩上不去，这叫"厌写"；第二种是上课不听讲，下课不写作业，甚至逃学旷课，成绩差得一塌糊涂，这才叫"厌学"。第一种情况是一个懒惰的问题，还比较好纠正,第二种情况是思想脱轨的问题,纠正起来困难大一些。不过您也不要太害怕,在小学阶段"厌学"的学生,未必在以后的继续学习中,就一成不变。在一个小孩子的成长过程中变数相当大,奇迹经常会出现的。

从心理学角度讲,小学生在低年级的时候,依赖性特别大,基本上是大人说什么就是什么。这时候的孩子很"听话",教师讲课的时候他们的眼睛睁得圆圆的,一字一句跟老师读,一笔一笔跟老师写。老师布置的作业他们一放学就趴在桌子上赶快写——他很想得到老师和家长的表扬。如果老师和家长指导有方的话,这样的孩子会一直沿着这条路走下去,形成学习习惯,那么,这种孩子一般到高年级以后不会"厌学"的。

随着年龄的增长,也随着智力和知识经验的发展,大约上到四年级以后,小学生行动的目的性和独立性有了明显的提高。他们往往开始提出自己行动的动机和目的,他们试图摆脱外部的影响和家庭、学校、教师的约束,想按自己的意愿去行动,有人把这个阶段称为"第一反抗期"。这种反抗只是情感上的反抗,他们可能会觉得学习很累,从心里不愿意接受老师对学习的指导。反映在表面上就是上课不想听讲,下课不复习,视老师布置的作业如敌人。这时候,如果学校和家长依据学生身心发展的规律,一方面发挥他们的独立性，一方面采取正确的引导，大多数学生是可以走上正道的。如果在这个阶段，家庭、学校都没有重视孩子的心理变化，完全用对待低年级幼儿的方法对待他们，一味强调家长和老师的权威性，简单地说教，就很可能促使孩子把产生的逆反心理分化到消极的一边。

在我们周围，有许多同学，或者受环境影响，或者因学习中某一环节没有跟上，对学习缺乏兴趣。教师就把这些学生斥之为"差生"，家长就把孩子看成"懒虫"，双方夹击，挫伤孩子对学习的积极性，结果事与愿违。所以说，小学生厌学的问题基本上是老师和家长的问题。要想让学生变"厌学"为"乐学"，就要让大人变"打击"为"鼓励"。

兴趣是最大的动力，培养学生的学习兴趣，无疑是最重要的一件事情。激发孩子的学习兴趣，首先让学生树立远大理想。我们可以用国家需要、家庭期望和个人前途作目标，鼓励孩子上进，用身边的榜样作例子，激励孩子求知。其次应该及时帮助孩子解决困难。凡是孩子遇到了问题，家长就要特别细心指导他攻克难关。有时候，一个难关通过了，就有可能一路畅通，千万不要让孩子把问题攒成堆。再就是要肯定孩子取得的任何成绩，即使是完成了作业中的一道题："不错，比昨天强多了！做对一道题就是你的一次小胜利。如果再努力一下，你可能就会有大胜利。怎么样，休息一会儿，吃一个苹果歇一下。"因为孩子还小，他所谓的独立性还不是那么坚定，只要家长自己信心坚定、方法得当，扭转他"厌学"的情绪还是不难的。

就谈到这里吧！

王欣

2001年4月

23 不要忽视家庭的语言启蒙

吴先生：

您好！

您的来信我收到了，知道您为儿子的语言表达能力问题苦恼，我很理解，向您表示我的安慰！的确像您说的那样，一个孩子的语言表达能力如何，是一个关系到这个孩子将来如何参与社会活动的重要问题。可是这个问题也是一个您再着急也一下子解决不了的问题。所以，我们不如冷静分析一下孩子的具体情况，找出问题的症结，然后对症下药，争取有所成效。

从您说的情况看，您的儿子并不是患有"口吃"症，也不是因为性格内向而不愿意表达。他的情况是很爱说话，就是说不到"点儿"

上。根据我的经验,这种情况大多数是因为孩子的观察能力和思维能力发展得不协调。一个孩子的观察能力是他认识事物最基础的能力。比如,很多孩子看见钟表,能说出"这是钟表。"看到爸爸戴的手表说"这是手表。"如果有一个孩子看见爸爸戴的手表说:"这是手表,它比挂在墙上的钟表小,但是它们的作用是一样的。"就说明这个孩子把观察到的现象作了归纳比较,这是在观察基础上的思维,这是一个提高。如果我们在平时的生活中,不但注意培养孩子的观察能力,而且注意培养孩子的思维能力,让孩子把观察到的具体的事物在头脑中进行整理、比较、归类、概括等,经过这样一个过程,孩子再用语言表达出来的东西就不会是一个一个的"点",而可能是一条一条的"线",或者是一个"面"。

您的儿子有可能只重视观察,不注意思考。他看见蜜蜂在飞,就会说:"爸爸,蜜蜂!"一会儿看见一朵花,就会说:"爸爸,花儿!"他不善于把蜜蜂和花儿联系在一起想。所以,您的任务就是及时地指导他思考事物之间的联系;"蜜蜂飞来飞去地忙什么呀?它为什么要落到花上呀?……"如果您能够经常注意指导他连贯起来想问题,时间长了,孩子的思维能力、综合概括能力都会有所提高的。

在培养孩子语言表达能力的问题上,家庭的语言氛围也很重要。您和您的家人要注意自己的语言表达,特别是和孩子对话的时候，一定要注意把话说清楚，说完整。一发现孩子说话不明白，不能训斥，要及时地、耐心地一句一句纠正。比如孩子说了一句："妈妈姥姥爱我很。"他显然是想说大人爱他，但是没有说清楚。这时候你们就要启发他："你是想说谁爱你？是妈妈和姥姥都爱你？还是姥姥爱你？或者妈妈爱你？"让他想一想再说。他要是说："妈妈，姥姥很爱我。"还是说："妈妈和姥姥很爱我。"都是正确的，都是他思维的结果，要给予充分的肯定。

另外，还可以利用电化教育手段进行培养。如让孩子听诗歌朗诵录音，跟着播音员一句一句地学；让孩子看儿童节目录像，观察节目中各个角色是如何用语言表达情感的等。

我想，在您和家人的精心指导下，孩子的语言表达能力肯定会逐步提高的。想一想，我们从孩子生下来，除了呀呀学语的时候教过他说话，还有什么时候把教他说话当作一件事情来做？不必急躁，不必心焦，他才上一年级，来得及的。

孩子是父母一生的作品，您要有信心，您的作品不会差的，因为您付出的是一颗伟大的心。

就说这些吧！再见！

王欣

2002 年 5 月

24 别忘了语文和数学以外的天地

老马师傅:

　　您好!

　　想不到,我二十几年前教了您的儿子,今天又教您的孙子,这是一件很有意思的事情!

　　记得我是在1979年的秋天接了您儿子马立民的那个班,当时他读五年级。那时候,"文革"刚刚结束,考试制度也刚刚恢复,所以对学生的成绩十分重视。立民很聪明,稍微用一点心,就在班上遥遥领先,他是以双科90分以上的分数被当时市上的一所重点中学录取的。

　　马立民后来上了北大,一路发展顺利,今天是一所国内知名广告公司的老总。他是您的骄傲,也是我们学校的骄傲。

可能是立民觉得您二老带孩子有经验，所以把儿子马伯涵又送给你们带。

马伯涵和他爸爸读小学的时间相差二十几年，这二十几年的变化可是太大了。21世纪的中国教育要培养的是符合时代要求的人才，他们应该具有与世界对话的能力。为此，国家多次修改教学大纲，增设像英语、计算机、心理健康教育等课程。应该说，国家和人民对于今天的孩子，寄予了极大的希望，当然今天的孩子比起二十几年前的孩子负担也要重得多。

马伯涵是一个很乖的孩子，乖得让人不忍心批评他。他学习很用功，语文和数学两门功课的成绩在班上谁也赶不上他。特别是作文，写得棒极了，每一次读他的文章都是一次享受。我知道，他是读了很多书，才能这样挥洒自如的。

令人不安的是，小家伙走出了语文、数学的天地，就一下子力不从心，黯然失色了。他的体育成绩几乎没有及格过，从来不参加学校召开的运动会的任何项目；每一次文艺演出他都是观众；他看见实验室里的动物标本就吓得发抖；他甚至连学校大队辅导员是谁也不知道……这可是一件让人很担忧的事情！我想，马立民所从事的工作是很前卫的，他应该懂得今天的社会需要什么样的人才。假如他知道自己的儿子只是学习语文和数学，其他方面一窍不通，他会很着急的。我知道孩子这样只打语数两面旗和目前的升中学考试有关，可是我们不能为了上一所好中学就任由马伯涵成长为一个"书呆子"！所以，我们应该把培养马伯涵全面发展的问题重视起来。

我在学校里已经为马伯涵制定了一个计划，请同学一起帮助他游戏、锻炼、口语交流等。您在家里能不能也建立一个培养计划。比如，每天规定他的锻炼身体时间，要求他至少要完成学校的体育达标测试。每天要求他看半小时以上的电视，并把电视的内容说给你们听。把下楼去和小伙伴们玩耍当作任务要他完成。一有机会，就带他出去走一走，见识身边的人和事。您千万不能满足于他每天只是埋头读书。别人的孩子静不下心来读书大人发愁，您的孙子只知道埋头读书同样要发愁。您一定要认真对待这件事情。

还有一个办法，您可以求助于您的儿子马立民。在马伯涵放假的时候，让他跟他的爸爸妈妈到北京去生活一段时间。在那里，他会看到一个现代化的都市，感受到许多在我们这个城市里所无法感受到的东西。他需要开阔眼界，需要与时代沟通。

真是想不到，那样一个活泼好动的马立民，竟然是这样安静的马伯涵的父亲！

您能接受我的建议吗？有什么问题欢迎您来学校与我交流。

祝您二老身体健康。

王欣

2003 年

25 带孩子走进大自然

陆一晴：

  你好！

  感谢你的信任，千方百计把你的儿子放在了我的班上。你对孩子的教育很重视，这让我很欣慰。现在的年轻人，大多数忙于工作，能像你这样在孩子的身上下功夫的人不是特别多，你放心，我会尽最大努力给你把孩子带好的。你多次问我怎样配合老师教育好孩子，这个问题涉及的方面很多，依我看，你在平常的家庭教育中已经自觉地做了不少的配合教育工作，不光是我，还有孩子的其他任课老师都非常感谢你。今天我想和你谈的是一般家长都不重视的一个问题，那就是要经常带孩子走进大自然。

不能不承认，我们的孩子像一只笼中的小鸟。家是一个水泥做成的小格子，学校是一个四周用砖围起来的大盒子，小格子和大盒子之间有一条水泥做的直线，孩子们每天就往返于这两点一线之间。为了教"麦子"这个词语，我问同学们："你们知道面包是用什么做的吗？"孩子们说什么的都有，有的说是用粮食做的，有的说是用大米做的，还有的说是从商店里买来的。为了说明白麦子的样子，我举例子说麦子刚长出来的时候样子有点儿像韭菜。有个同学回到家里给妈妈说："您买不到韭菜，就去买麦子，老师说了，麦子和韭菜一样可以包饺子……"简直让人哭笑不得。

造成孩子这样无知的原因，就是因为孩子们没有见识过麦子长什么样子，韭菜长什么样子，更不知道麦子是粮食，韭菜是蔬菜。所以，我极力主张家长尽最大可能地带孩子走进大自然。因为大自然是另一个课堂。

大自然给孩子们提供的教材是课本和老师根本无法提供的，进入那个课堂，一切生长的、开花的、结果的、流动的、发声的、啼叫的、飞翔的、奔跑的等，都会激起孩子无穷的求知欲望。他们在与大自然广泛的接触中不仅可以获得美的享受，同时可以感悟科学的神奇，体会劳动的伟大。有一个小学生和她的父母去了一次苹果园，在树上摘了几箱苹果回来，她在吃这些苹果的时候，总是小心翼翼的样子。妈妈问她为什么，她说："我看见农民伯伯从树上把苹果一个一个地摘下来装进箱子的时候，就是这样小心翼翼的样子，他们怕把苹果的皮碰破了，我也要小心一点儿，别把苹果的皮碰破了！"孩子固然幼稚，但是，这次果园的实践活动显然是给孩子上了一节珍惜别人劳动成果课。

我国著名教育家陶行知老先生说过："我们要解放小孩子的空间，让他们去接触大自然中的花草、树木、青山、绿水、日月、星辰。让他们自由地对宇宙发问，与万物为友。陶老先生的这种教育思想受到世界教育界的公认。尤其是在一些发达国家，他们把大自然作为培养孩子品德和意志不可缺少的资源。因为我国教育制度存在的问题，学校和家长都把教育的注意力集中在了课本上，课堂上，严重影响了学生认识能力的提高。在一定的程度上也造成了我们的孩子意志薄弱，思维呆滞，缺乏爱心。

你是一个比较新潮的家长，重视孩子的全面发展，所以我给你提的这个建议一定会被你接受的。你可以根据你的条件带孩子接触自然，不一定要走得很远，哪怕是在公园里捡到了几片落叶，也算拉近了孩子与自然的距离。

就说到这里吧！很希望看到你儿子接近大自然的收获。

祝好！

王欣

2003年4月

26 培养孩子健康的兴趣爱好

凌先生:

您好!

您来信反映的问题存在于许多小学生的身上,为这件事情发愁的家长绝对不光是您一个人。您的孩子现在上二年级是这样,就是上到小学毕业,每天学校放学以后,也常常可以看见一堆十一二岁的孩子趴在地上拍小画片,或者是滚玻璃球。地上的灰尘被他们拍得四处弥漫,小家伙一个个灰头土脸,手指乌黑却依然兴趣不减。

人们常说,爱玩是孩子的天性。即使是只有几个月大的孩子也会抓住一样东西兴致勃勃地玩上半天。按理说,玩耍和游戏对于孩子们来说并不是一件坏事情。它可以锻炼孩子们动手的能力，提高他们与同伴合作的意识，增长他们的课外知识等。孩子们热衷于玩耍和游戏的心理学基础是自由选择的情感。在玩耍和游戏中，他们可以无拘无束，大家平等自由，完全从家长的压力和教师的指挥下解放出来，所以，他们会自觉地克服困难，哪怕碰得头破血流也没有一声抱怨。目前唯一让我们家长和教师感到不安的是我们的孩子所热衷的玩耍和游戏中有许多都是不利于孩子身心健康的，有些甚至是有害的。所以，我们就得有意识地、积极地培养孩子健康的兴趣爱好，来抵制那些有害的玩耍和游戏对孩子们的影响。

所谓健康的兴趣爱好指的是那些有益于培养孩子的创造能力，提高孩子思维能力，能增进孩子身心健康的活动。比如踢毽子、跳绳、作航模、养殖、种植以及唱歌、跳舞、集邮、绘画等。都对孩子的健康成长有很大的帮助。

要培养孩子健康的兴趣爱好，家长还要注意以下几个问题。一是要用引导的办法，把孩子的目光吸引过来。有的家长为了向孩子推荐一种益智玩具，自己先把它买回来独自玩起来，好奇心立即会驱使孩子走到家长面前拿起这个新玩具。二是要根据孩子的不同兴趣来培养。有的孩子有唱歌的天赋，家长就可以给他找声乐老师；有的孩子喜欢安静，不爱剧烈活动，家长就可以给他买来集邮册和邮票；还有的孩子对小动物特别有感情，家长就可以设法为孩子找一块地方给小狗或者小猫、小兔子做个窝。三是要根据环境制定培养计划。比如有的孩子家在农村，像集邮这样的兴趣培养起来就有些困难。但他的家长可以培养孩子种植和养殖的兴趣。在培养孩子兴趣爱好的过程中，要引导他们学习科学种植和养殖的方法。让他们怀着一种轻松愉快的心情去观察，去劳动。一旦有了收益，要作为孩子可以支配的资金交由他来保管。这样，更会引起孩子强烈的兴趣。最后一点是家长要在培养孩子兴趣方面下真功夫，不能因为自己忙于工作，想起来了说两句，过了几天就忘了。在我的身边，就有不少家长经常陪着孩子一起踢毽子、跳绳、糊风筝，甚至打沙包。家长的积极参与，更有利于激发孩子的兴趣。

有一位教育学家说过："儿童早期的各种游戏，是一切未来生活的胚芽。"游戏为孩子们提供了自我表现的机会，游戏训练了孩子的群体性，游戏还让孩子们学会了选择。事实上，游戏是孩子们走向社会，参加活动的第一个阶段。因此，我们任何一位家长都不能忽视自己孩子在幼儿时期所热爱的、所参与的游戏活动。

不知道我的回信能不能解决您的问题？欢迎来信讨论。

王欣

2002年3月

27 爱动手的孩子聪明

成仁的妈妈：

  您好！

  我很想邀请您来学校一趟，参观一下我们学校举办的小学生摄影展览，在这里展出的都是我们学校同学们的作品，他们用相机拍摄了许许多多感人的画面。其中一幅获得一等奖的作品，最值得您看。画面上有两个小朋友，正坐在柴垛子下面专心致志地读书。他们身上穿的衣服很破旧，头发上沾了不少的麦草。柴垛子的旁边是一户农家小院，背后是一座大山。这幅作品的题目是：他们没有教室上课！凡是来参观展览的老师和同学，无不为作者独特的视角和深刻的立意所感动。您知道我为什么要向您推荐这幅作品吗？因为它的作者就是您的儿子成仁同学。这是他上次参加大队部组织的"手拉手"活动时在山区里用大队部的照相机拍下来的。

我第一次发现成仁有这么高的摄影水平，就问他什么时候学习的摄影，成仁朝我做了一个鬼脸说："偷着学的。"我不明白了，就接着问他为什么要偷着学摄影。他这才告诉我说，您不光反对他学习摄影，而且反对他触摸任何家用电器，像音响、电视、CD机、录像机等，都是不允许他随便乱动的。您唯一不反对他用电脑，那是因为您认为操作电脑是有益于学习的。您认为对那些与学习无关的东西过于专注会影响学习成绩的提高。说完上面的这些话，成仁狡黠地冲我一笑："妈妈再反对也没有用，她不在家的时候，我把什么都动过了，有什么了不起的，我只要看一下图纸，就能把它们全拆了，再装上。妈妈根本不知道。"

看来您让成仁给蒙了，您的规定根本无法阻挡他动手的兴趣，您是不是应该换一种眼光来看待成仁特别喜欢动手操作这件事情了？

首先我要告诉您喜欢动手操作的孩子一般都是聪明的孩子。大科学家牛顿12岁的时候就动手制作了许多玩具，他做的风筝总是飞得最高的。他制作的风车，里面还别出心裁地放进一只老鼠，牛顿给他的风车起名叫"老鼠开磨坊"，看到这辆风车的人个个赞不绝口。正是这些小小的玩具锻炼了牛顿的双手，才为他后来制造反射望远镜做好了技能上的准备。

其次我还想说，敢于动手操作的孩子是敢于实践的人，敢于实践的人要比只会动脑筋的人成功的概率高。这就是"手比头高"的原理。您以为动手操作会浪费了看书的时间，其实正如著名教育家陶行知老先生所说的："行动生困难，困难生疑问；疑问生假设，假设生实验。"如此反复循环会极大地锻炼孩子观察和思考的能力，这不仅有利于提高他的学习成绩，还会使他变得更加聪明起来。您有什么可担心的！

我给您提个建议，来学校参观一下成仁的作品，借此为由表扬一下您的儿子，同时取消您对他的禁令。以后多鼓励孩子动手动脑，开发智力。我相信，成仁绝对不会辜负您的信任把学习扔在一边，"一门心思地玩了起来"……

祝您愉快！

王欣

2001 年 7 月

28 能力比成绩更重要

侯先生：

您好！

您来信提到的事情，是我们教育工作者特别关心的问题，它也是一个目前中小学教育中普遍解决得很不好的问题。从理论上讲，谁都不敢说学习成绩就是衡量学生的唯一标准，但从实际中看，大多数学校，大多数教师，包括大多数家长都是反其道而行之，把孩子的学习成绩看得比天还大。像您这样很重视孩子能力培养的家长真是凤毛麟角。

客观地说，形成目前这种被批评了若干年的"智育第一"横行四野的根本原因是我国的考试制度。我国从小学到中学的考试方法（大学要好一些）一致采用的是笔试的方法，试题出得又不够灵活，所以，只要学生花费大量时间和精力背记学过的书本知识，就能考个"优秀"，至于其他的如分析问题和解决问题的能力，查阅资料的能力，与人交往的能力，劳动能力等从来也不考查，自然不能给学生带来分数的增加，当然大家都得把注意力集中在书本上了。这种现象的存在也与我国具体的教育现状有关。在全国有名牌的大学，在每一个城市里，也有名牌的小学、中学，他们的办学条件相对于普通学校来说，有天地之别。广大家长为了把孩子送到这些学校里去读书，除了投以大量资金以外，就是逼学生提高成绩，孩子们夜以继日地趴在书堆里，遨游在题海里，哪有时间顾及左右？其他能力如何增长？于是，在学校里，分数的高低就成了衡量学生的基本标准（不能说唯一），成绩不高的学生往往被老师视为"问题学生"，有些同学甚至遭到驱逐的待遇。您的儿子应该还是很幸运的，成绩达不到学校的要求，还在那所学校里读书，这已经很不容易了。这是中国教育的一大悲剧。不是吗，多少学生上了大学连跟人说一句话还要脸红，有的研究生竟然被人贩子卖到了外地，这是多么不可思议的事情！这种只知道死读书的学生越多，就证明中国的教育越落后。

您说得很对，我们要的应该是一个会学习，会思考的孩子，而不是一个仅仅会考试的孩子。您坚持培养孩子的思考能力、观察能力、活动能力、运用计算机的能力、与人交往的能力等，都没有错。这些能力的增加，将极有利于孩子将来面对人生的各种挑战。尽管他考试的成绩目前可能没有别的孩子高，有些时候可能会吃一些亏。但是，他将来一定比那些仅仅会考试的孩子有出息，这是一个不争的事实。

党和国家为了培养未来的接班人，也在千方百计地强调全面发展，落实素质教育。但是，限于国家考试制度改革速度缓慢，投资教育资金有限，"智育第一"还要在相当长的一段时间内占领教育阵地。尽管如此，也有不少教师和家长为孩子未来着想，重视孩子的能力培养，这是有远见的表现，也取得了一些可喜的成绩。您不要打退堂鼓转而让孩子死啃课本，就沿着您原来为他制定的培养方向前进，等到孩子上中学以后，您就会看到他要比别人胜出许多。

有位世界著名的教育家说过：理想的人是品德、健康、才能三位一体的人。您就是在培养这样的一个人。

祝您成功！

王欣

2001年3月

第三篇 你为他展开「爱」的天空

29 走进孩子的心灵

陈凤贞女士:

你好!

我是王老师,昨天收到了您写给我的信,知道了您内心的苦闷,现在给您写回信,聊一聊关于您的儿子舒穹的教育问题。

在您的眼里,舒穹是一个"笨得出奇的孩子",他什么也学不会,什么也做不来。所以,您失望透了,甚至不愿意理他,不愿意给他付生活费。您和有些家长在这方面差别太大。在我国有一个叫周弘的人把自己身有残疾的女儿培养成人。他教孩子学知识只有一个字,那就是"行"——凡是别人能做的事我也能做,以此来雕塑孩子一种伟人之气。他满足了孩子心灵的最大需求——对赏识和尊重的渴望。

我不能说您的话一点道理都没有，舒穹的确有一点儿反应迟钝，他在接受知识方面，没有别的孩子那样灵敏，他的成绩是比别的孩子差一点儿。但是我认为，这一切都不能成为您瞧不起他的理由，更不能成为您放弃自己养育责任的说辞。

世界上没有两片完全相同的树叶。当然，世界上也没有完全相同的孩子。你不能用那些聪明孩子的标准来要求您的舒穹。

他虽然学习成绩不突出，但是他很善良。在我的记忆里，六年来，他从来不跟同学打架，（尽管他的个子很高）有时候遇到同学之间发生矛盾，他总是将双方拉开，有几次他都因为拉架而被同学误伤。另外，舒穹热爱劳动。以你们的家庭条件，舒穹显然在家里没有做过多少家务活，可是在学校里，他经常帮同学打扫卫生。周末大扫除，教室里窗子的玻璃，大部分是舒穹擦的。班上的同学有了困难，他积极地伸手帮助，好几次学校组织春游，舒穹都把他带的东西与同学分享。

虽然每一次考试他的成绩都比较靠后，但是班上的同学没有人瞧不起他，各科任课教师也很喜欢他。难道您作为他的妈妈，就只是发现他的学习成绩不高，而没有发现他有着纯朴的性格，美好的心灵？

我知道，孩子是母亲的希望。您要他学习好，将来出人头地，是无可厚非的。但是，他有他的特点，他就是在学习上落后一些，我们不能因此而否定他，甚或放弃他。正确的方法应该是首先肯定他是一个好孩子，爱他，关心他，鼓励他发扬自己的长处，然后在学习方面给予他更多的帮助，争取他有所进步。在这种爱与关怀中，舒穹才会享受心灵的平静，才会轻装前进。

您是一位很有成就的女士，只身一人闯天下，为父母和孩子创造了优越的生活条件，的确很不容易。越是这样，你越要重视和儿子的交流，听说过吗，"男孩子不吃十年闲饭"，他今年都十二岁了，很快就能帮助您支撑起这个家了。您千万不要将自己心头的苦闷发泄到孩子的身上，不要影响孩子的健康成长。

我还想送给您两句话，这两句话印在产科医院送给每一个产妇的一本小册子上：好好珍惜每一天，因为时间不会停滞不前。有一天，这只手会挥动着向你告别，他将勇敢地向着生活的巅峰攀登。

古人说，天生我材必有用。像舒穹这样的孩子，能吃苦，心地善良，他将来长大之后，一定会找到属于自己的一片天地的。不管这个天地多大，都是他献给妈妈的礼物。

再见！祝您有个好心情。

王欣

2002年3月

30 和孩子的感情也是需要培养的

吴女士：

您好！

您来信向我诉说的事情要是放在 30 年前一点儿也不奇怪。那时候，每家每户的孩子都在两个以上，家长要上班，忙得带不过来，就把其中的一个或者两个小孩子托父母或者外人照顾。时间长了，小孩子和别人有了感情，亲生父母也和自己的孩子疏远了。这样的孩子长大以后回到父母身边，有一个很长的和家人互相适应的过程。其中也有些家庭，父母和孩子一直无法适应，最后，把孩子送给了托养的那一家，应该说这是一件不幸的事情。

在今天的独生子女时代，您竟然无法适应在奶奶身边长大的，自己仅有的一个女儿，的确叫人有些不好理解。当初，您因为要上学进修，把孩子送给农村的婆婆带，这是您自己愿意的。造成今天和孩子感情上的距离，您的婆婆没有责任，孩子更没有责任。要说后悔，您也只能对您当初的决定后悔了。世界上没有治后悔的药，您还是努力培养与孩子的感情吧！

我估计，您不太喜欢六岁的女儿有几个原因。其一，可能您和婆婆的关系不是很好，女儿因为在奶奶身边长大，她和奶奶关系极亲，您无意中说了一句婆婆的不是，女儿会马上反击，她仿佛是奶奶的卫道士。您这时候会叹息一声："这个孩子不是我的女儿，她是她奶奶的孙女！"再有，您的女儿在奶奶身边生活了六年，她肯定有许多的生活习惯像奶奶，尤其是在讲卫生的问题上，一般都做得不好。您是大学教师，肯定很讲卫生，对孩子的不良习惯会恨得咬牙切齿的。最后，虽然您是孩子的亲娘，由于孩子一直没有和您生活在一起，她对您一定非常陌生，不愿意走近您，甚至见了您就躲。望着孩子那双冷漠的眼睛，您心里凉透了："我怎么会有这样一个女儿？"您又发出了一声感叹。以上三点，是造成大人和孩子疏远的基本原因。不知道我说的对不对？

现在来说您该怎么办。孩子是您亲生的，您不可能把她送给奶奶再生一个，我国法律不允许，对孩子也不公平。这个念头就不能有。所以，您就只有一条路可走了——改善和孩子的关系。

有句话叫做抽刀断水水更流。您不要人为地割断女儿和奶奶的关系。相反，要经常和她说奶奶，要夸奶奶能干，要说奶奶替您带孩子很辛苦。隔一段时间，就把孩子带给奶奶看看，让她们祖孙见个面，缓解一下相互的思念之情。要让孩子觉得您和她一样爱奶奶，她才会不反感您。假如您的条件允许，最好把奶奶接来和孩子再住一段时间，随着孩子年龄增长，她也逐渐适应身边的生活，对奶奶的依恋会慢慢减退许多的。

要以您的优势吸引孩子的注意力。比如您可以经常带她逛书店，给她买儿童读物，带她逛玩具店，给她买玩具，您家有电脑，教她玩游戏、打字、上网等。这些都是您的优势，是奶奶没法子满足她的，她会因为对这些新生事物有兴趣而喜欢和您接近的。

至于生活习惯，要慢慢培养，不要因为她一时的不适应，就看不上眼，指责她，甚或惩罚她。

最后，我要提醒您，要想改变您和孩子的关系，最重要的，也是最根本的一点是，您要发自内心地爱她。想一想十月怀胎的艰难,想一想一朝分娩的痛苦,想一想听到女儿第一声啼哭的兴奋,还有她呼唤的第一声"妈妈",您有什么理由拒绝自己的亲生孩子呢?

我相信,母女情深似海,您一定会重新把女儿紧紧地拥入自己的怀抱里,用伟大的母爱温暖她,呵护她,教育她,幸福的笑容一定会荡漾在你们母女的脸上。

王欣
1999年12月

31 你不了解她

昕梅：

你好！

出差辛苦了！没想到，你把曼曼放到我的家里给我提供了一个了解你女儿的机会。我们仅仅相处了一周，我就发现曼曼是一个很不一般的小女孩。我给你讲几件她告诉我的事情。

有一天，我和曼曼聊天，她告诉我她曾经给爸爸妈妈调解过矛盾。"你怎样调解？"我问她。她说："我让爸爸给妈妈道歉，我说他要是不道歉，他就不是男人！""男人！您知道什么是男人？"我惊异地问她。曼曼不紧不慢地说："男人就要保护女人，男人有了错误就要大胆承认。"语气坚定，措词准确。我来了兴趣：

"你看咱们身边谁是男人？""我大伯就是。"接着，她给我讲述了她大伯有一次做错了事情，怎样给妻子承认错误的。事情说得清清楚楚，明明白白。我问她怎样知道这件事情的，她说是自己在家里亲眼看到的。

看到眼里，记在心里，有心的孩子。

还有一天，我问起她常受表弟欺负的事情，我故意说："他老打你，你怎么不还手呢？"她看了我一眼说："我怎么能打他呢，他比我小，不懂事。再说，如果我也打他的话，奶奶就有了麻烦了。我可不愿意给奶奶惹麻烦！"

理解小的，照顾老的，善良的孩子。

关于在学校被同桌咬伤了胳膊也不报告老师的事，她是这样给我解释的：

"反正我已经受伤了，老师怎么批评那个同学也没有用，再说，人家已经给我道过歉了，小学生嘛，谁还不犯错误？"

与人为善，心存忠厚，懂事的孩子。

就这三件事情，足足让我感叹了几天。

在我的家里，曼曼每天都帮助我倒垃圾，看她把垃圾提出来，又手脚麻利地给垃圾桶套上新袋子，我简直难以相信她是一个九岁的孩子。

你还能说她是一块"木头"吗？你还能说她是一个"哑巴"吗？依我看，倒是你这个当家长的，"木"得可以，连自己九岁的女儿都读不明白，还天天冲着孩子大喊大叫……

她的学习没有什么大不了的问题，思路很清晰，记性也很好，大概也是因为她经常不说话，老师也忽略了她，这是一个错误。

要承认，每个孩子都有她与生俱来的个性，这种个性，会左右她的言行。我们做家长的如果能够明白自己孩子的个性中，哪些是应该保留的，哪些是应该克服的，然后采取正确的方法积极引导，孩子就会得到较好发展。像你这样只看到孩子的一点表面现象，就全部否定了她的做法，可是极其有害的！

好了，你有一个好女儿，真是让人羡慕！你没有必要唉声叹气，好好地培养她，教育她，将来她会给你一个特别的回报的。

大概是因为年龄比你大得多，所以说话的口气就有些重了，不会见怪吧？

祝好！

王欣

2003 年 4 月

32 是"爱"远离了他

艾师傅：

　　您好！

　　昨晚接到您的电话，我立刻去了那家游戏厅，没有找到艾威。回到家里，感慨颇多，所以给您写封信，说一说我的感想。

　　艾威曾经是一个非常有上进心的小学生。在他读六年级以前，每天按时到校上课，放学以后按时回家，他的作业没有一天不按时完成。他还是我们班的体育健将，短跑、跳高都是他的长项，只要学校召开运动会，我们的艾威总会给班上的同学和老师送一份厚礼。要说不足之处，艾威很倔强，遇事认死理，凡是他认定的事情，八匹马都很难拉回来。

也就是这半年多的时间，艾威变了，变得让我们几乎都不认识了。

他上学经常迟到。问他迟到的理由，他睡眼惺忪地说："没有人叫我……"他人坐在课堂上，心不知道跑到哪里去了。老师讲的东西，他根本就没有听，作业当然就不会写了，起初是作业本上的错题多了，后来干脆连他的作业本也看不见了，再后来，连他的人影都不容易看到了！

我不止一次地和他交谈过，问他为什么退步这样快。可他什么话也不说，两眼直直地看着天，我知道，一定是发生了什么事情让他走了神，否则，他不会变得这样快。我曾经几次试图与你们联系，都因为无人接听电话被迫作罢。您昨晚的电话，才解开了这个秘密。

你们夫妻之间的事情我不好过问，但是，我要批评你们的是，在你们决定自己去向的时候，应该想到艾威。想到他是你们的儿子，你们共同对他负有教养的责任。怎么可以因为生意亏损了，就把孩子推给对方，自己一走了之？难道说几十万的钱财，比一个儿子还要紧？特别让人不能理解的是，在你们离开家的日子里，您以为他的妈妈会回来照顾他，他妈妈以为您会回来照顾他，结果俩人都不回来，让艾威一个人守着空空荡荡的屋子……他，一个十一二岁的少年，没有了父母的呵护，也没有了约束，当然就去"自谋出路"了，这条出路就是去游戏厅，去找那些和自己命运相同的伙伴，过上了流浪儿的生活。

难怪孩子恨你，不见你，你们在他幼小的心灵里留下的伤痕太深刻了！

我知道，现在教育艾威难度很大，可难度再大，我们也不能放弃他。您已经错过一次了，不能再错第二次。假如您能把用在生意场上的心转移到孩子身上一部分，用父爱去感化他，用亲情去温暖他，孩子回心转意还是很有希望的。

您觉得艾威会听我的话，谢谢您的信任！我在最近一段时间里会经常去周围的游戏厅找他，一旦有了他的消息，我会通知您的。

最后，我还想告诉您，做个好父母是一门学问，但是，从幼儿园到大学毕业，也没有专门讲这门学问的地方。除了与生俱来的亲情和责任以外，还要靠自己动脑子思考，想方设法追求最佳教育效果。要不，为什么有的家庭就培养出了成功人士，而有的家庭就出了罪犯？

就说到这儿吧，希望我们及时交流有关艾威的情况。

祝好！

王欣
2002 年 12 月

33 留一些时间给您的孩子

童先生：

您好！

我想给您讲一个故事。

在美国，有一个五岁的孩子向自己的爸爸借了 10 美金，他加上自己已经有的 10 美金，一起交给了爸爸。爸爸十分奇怪，问儿子这是为什么，儿子回答说："我听说您一个小时可以赚 20 美金，我现在就给您 20 美金，买您一个小时的时间，请您明天早一点儿回来——我想和您一起吃晚餐。"

我给您讲这个故事的原因是因为您的儿子童之新也给我们大家说过类似那个美国小孩说的话。上个星期我们班开队会，题目是"我渴望……"在队会上，同学们纷纷上台道出了自己心中的渴望。有的同学渴望有一台英语复读机，有的同学渴望有一个弟弟妹妹陪她一起长大，还有的同学渴望老师少布置一点儿作业，而您的儿子童之新的渴望最简单，也最容易实现——和爸爸共进晚餐。他的话起初不被同学和老师理解，后来，童之新向大家作了解释："我的爸爸在保险公司上班，他说自己每时每刻都有工作。他每天回来得特别晚，早晨又走得很早，我经常一个月都见不上他的面。我多么渴望每一个星期能和爸爸一起吃一顿晚饭啊！"孩子说到这里，难过地低下了头，大滴大滴的眼泪掉在了他面前的讲桌上，同学和老师的眼睛也湿润了。

　　童先生，您的工作也许就是特别需要您付出时间，但是，您的儿子更需要您用时间和他沟通。这一点您是不能忽视的。实践证明，受到父母双双疼爱的孩子成功的可能性会更大。英国心理学家塞巴斯蒂安·克拉莫就说过："受到更多疼爱的孩子，有更强的社会活动能力，这样的孩子更容易成为一个自信的勇敢者。"因为亲情的交流是一剂滋润孩子快乐的良药。快乐又是摘取成功果实的前奏。为了儿子的快乐，为了儿子的成功，您每天一定要挤出一些时间来和孩子呆一会儿。一有机会就握住孩子的手，这种时光很快就会过去——他们一眨眼就会长大到不愿再让你握手的年龄。实践还证明，长期和父母分开的孩子，容易造成心理压力，他们情绪低落，和父母之间容易产生隔阂，有个别的孩子甚至疏远父母，不能接纳父母，造成亲子之间感情的破裂。

假如您和孩子住在两个城市里，那您确实难以满足孩子的渴望，现实是您和童之新同在一个城市里生活，他每天却不能见到自己的爸爸。我估计问题出在您的心里除了工作以外再也装不进去别的什么了，甚至包括自己可爱的儿子。我知道保险公司的工作，的确需要员工全身心的投入。但是，您也许没有作过权衡，一份收入稳定的工作与一个儿子比较起来谁轻谁重？如果让我选择，我肯定选择的是儿子。

我开头给您讲的那个故事的作者在文章的最后忠告我们：

将这个故事与你所喜欢的人分享，但更重要的是与你所爱的人分享这价值20美金的时间——这只是提醒辛苦工作的各位，我们不应该不花一点儿时间来陪那些在乎我们、关心我们的人而让时间从手指间溜走。

让我们把他的话铭记在心，用时间把爱传递给我们的孩子吧！

祝好！

王欣

2003年5月

34 要尽到监护人的责任

金希凯的姨妈：

　　您好！

　　我们已经见过好几次面了，交谈的都是关于金希凯的问题。从您的谈话中我感觉到您打算放弃对金希凯的教育，用您的话说"我又不是他的父母，凭什么一定要我管他？"作为金希凯的班主任老师，我实在不忍心看到一个学生被家长放弃。想来想去，我还是给您写封信，就孩子的抚养和教育问题再一次和您交换一下意见。

　　记得您给我说过，您的姐姐和姐夫因意外灾难不幸去世以后，他们年迈的父亲没有能力抚养五岁的金希凯，当时您刚结婚还没有孩子，就和爱人商量把金希凯从老家带回来，作为你们的儿子抚养。虽然你们没有通过司法机关签署领养协议，但是六年来，你们之间已经形成了事实的领养关系，您就是金希凯的监护人。您有责任在生活上照顾他，在学习上教导他。金希凯只有十一岁，他是一个受法律保护的未成年人。虽然他经常因淘气而给您闯了许多祸，惹了许多麻烦，但是您也不能因此而放弃他。

我和孩子谈过他的爷爷。金希凯泪流满面地说，要是您当年不把他从爷爷身边带出来的话，他就陪着爷爷在乡下生活，说不定老人家还不会死得那么早！我知道，您最恨孩子这样想，说他没有良心。但是，谁都知道，假如他今天生活得很幸福，他就不会回头看了，我说的有没有一点儿道理？

您不愿意继续抚养和教导金希凯的关键有两点：一是您还有两个亲生的孩子，负担不起；二是他经常和您的孩子争吵，引起您丈夫的不满，影响您的家庭关系。

我觉得，在处理孩子们的关系中，您如果能够一碗水端平的话，小孩子之间的矛盾就会少得多了。在我给金希凯当班主任的这几年里，每年冬天，孩子身上穿的衣服都是我们班上同学中最旧最薄的。当教室里还没有供暖时，常常见他不住地搓手，身子不住地打抖。这种现象，在今天的孩子中几乎已经绝迹了。他跑得很快，但是他从来不参加学校召开的运动会，原因是他没有运动鞋和运动服。难道您的孩子也和金希凯一样在冬天衣服穿得这样少吗？您的孩子也会因为一双运动鞋的问题而不参加运动会吗？说到您的丈夫，我并不完全了解他，但是有些事情让我对他有了一个不太好的印象。因为我住在学校里，有好几次，天已经很晚了，金希凯到我家里找我要教室的钥匙。我问他要做什么，他说家里来了客人住不下，姨父要他住在学校的教室里。我给孩子打开了教室门，送给他一床被子。看着他蜷缩在硬梆梆的桌子上，我的心里一阵阵地酸痛：这就是没爹没娘的孩子啊！我是他的老师都禁不住地心痛，您是他的亲姨妈，难道就没有一点儿恻隐之心吗？

　　我还要告诉您的是，金希凯不是一个没有头脑的孩子，艰难的生活环境过早地催熟了他。还不到十二岁，他已经学会了看人的眉高眼底。他在班上学习成绩不是最优秀的，可人缘却是最好的。同学们无论是谁有了困难，他第一个举手要去帮助人家。他对美术有着特殊的爱好，我们班的板报，每一期都是由他插图作画，设计得非常精美，受到学校领导和全校老师的赞扬。他很希望自己将来当一个画家。我相信，如果他生活在一个幸福的家庭里，得到良好的培养和教育，他的理想是一定能够实现的。

　　我多么希望您能听我的劝告，不要放弃金希凯，您再辛苦几年，他就是一个大小伙子了。要相信时间会清醒孩子的头脑，时间也会擦亮孩子的眼睛。等到他明白事理以后，他会为小时候的不懂事而惭愧的。很愿意再一次和您见面讨论金希凯的问题。

王欣
1998 年 11 月

第四篇 你在塑造他的心灵

35 培养孩子的感激情怀

安先生：

您好！

您来信问我如何进一步培养孩子的感激情怀，引起我许多感慨。

在我们这一辈人当中，感激之情，就不用培养。我不记得父辈怎样教导我要感激别人，也没有读过多少要记住感激别人的书籍，可是，我们就知道要有感激之心。在日常生活中，但凡接受一点儿别人的恩惠，就念念不忘，心存感念。即使平平常常的日子，也能想出一两个感激的理由——我的父母身体健康，不拖累我，老天爷厚爱我也！这种近乎信奉宗教一样的信奉感恩戴德的情怀，陪着我们走过了大半生。

然而，今天的孩子，就与我们截然不同。

我有一个学生，和爷爷奶奶生活在一起。每天放学要求奶奶把饭菜摆在桌子上，理由是他一进门就要吃饭。晚了一分钟就是奶奶没有尽到责任。张口就是："你是干什么吃的？"我问他："难道奶奶就是给你做饭的？""那可不！"他翻了翻眼皮接着说："不给我做饭，我爸爸凭什么养活他们？"我费尽了口舌，才给他讲清楚他的爸爸有赡养爷爷奶奶的责任，而爷爷奶奶没有伺候他的义务！

　　真是让人不可思议，这新新人类怎么就这样无情无义呢？

　　上周五学校大扫除的时候，我从同学们的桌子抽屉里拿出了许多吃剩下的小食品，有整块的蛋糕，有粘成一团的口香糖，有没咬几口的水果等。我在班会上和同学们讨论节约和浪费的问题，有好多同学都认为：老师太小气，不想吃就扔掉无可非议。有个同学甚至说，吃剩下的东西不利于健康，说这是"陋习"。他们认为这件事和感激父母的关怀没有一点儿联系。

　　面对孩子们的种种表现，我们不得不反省我们的教育，是不是因为我们过于重视经济发展，强调科技强国而忽略了优秀的传统文化品质的渗透？记得在前几年，曾经看到台湾一个学校的校训：把忠心献给祖国，把孝心献给父母，把热心送给别人，把恒心留给自己。这"四心"宣传的就是中华民族的传统美德。我们与之相比强调更多的是"教育要面向现代化……"所以我们的孩子更多的是挑剔，是抱怨，是大手大脚。

正面的教育是必不可少的，无论是学校还是家庭，都有责任教育孩子懂得感激，懂得珍惜，懂得回报。懂得感激别人是享受自己——享受自己心灵中最美好的一部分。同时更多的是要创造一种氛围，一个人怎样感受生活是一种习惯，如果一个孩子从小生活的环境里充满了感激和理解，那么，感激和理解就会成为他感受生活的习惯。相反，孩子的生活里有很多的挑剔和抱怨，那么，挑剔和抱怨就会成为这个孩子感受生活的习惯。这种自小养成的习惯，将确定他一生对生活的理解。由此我们不难得出结论，首先，每一个家长要有一颗感激的心，这颗心将教会他的孩子严于律己，宽于待人，教会他的孩子与人为善，心存感激。其次，要净化我们的社会环境，包括舆论宣传，都应该为了孩子而宣传感激，学会感激。

　　在我们这样一个有着几千年优秀文化传统的国度里，竟然要强调与人为善，心存感激，真是一件让人惭愧的事情。

　　安静算是一个比较懂道理的孩子，您能注意到这个问题，说明您对孩子的要求很高，我很高兴。我要谢谢您对我的信任，欢迎您以后多多关注我们的教育工作，同时希望和您多交流。

　　祝好！

王欣

2001 年 12 月

36 不能事事都拔尖

黄宁的妈妈：

您好！

前几天有同学告诉我黄宁要转学，我觉得很奇怪，就去找黄宁了解原因。她起初不愿意说明原因，在我的一再启发下，她才讲出了事情的真相，原来她想离开这个学校的原因是因为上星期学校号召同学们给灾区捐款的事情引起的。

小学生给灾区捐款，本来就是为了向学生进行爱国主义教育，钱和物捐多捐少不是重要的事情。由于学生的家庭条件不同，捐出的东西多少自然也不同，老师表扬捐得多的同学，并不是在批评捐得少的同学，黄宁怎么会产生这么奇怪的想法，认为她没有钱捐给灾区会被同学们瞧不起，并且会被老师认为她是一个不懂事的孩子，所以她不能在这里读书了。

孩子想得太多了！

我很了解您家里的情况。黄宁的爸爸因为一次车祸受伤以后，一直住在医院里接受治疗，您仅靠每天卖报纸的收入很难维持一家人的生活，更何况昂贵的医药费。尽管如此，您还是坚持供黄宁上学，在五年的学习时间里，黄宁从来没有耽误过一天功课，您也没有拖欠过学校一分钱的费用。

黄宁在我们学校里是一位品学兼优的同学，她不光学习成绩好，工作能力也很强。从她上五年级开始，每个星期一，都是她主持的升国旗仪式，她是大队辅导员的得力帮手，她是学校少先队活动的积极参与者。也许正因为如此，她才觉得给灾区捐款的这件事情对她来说很重要。看来这个孩子很看重自己的公众形象。

由于市场经济的发展，我们班的同学中家庭条件差异比较大。有的同学家里有汽车，有别墅，过的是富人的生活；大多数同学家里达到温饱，不愁衣食。个别同学父母下岗，仅靠社会提供的

"低保"维持生计，日子过得捉襟见肘。这些情况黄宁都是知道的，她不应该在捐款这件事情上与别人攀比。黄宁在平时与同学的相处中，并没有显出自卑，她从来也没有表现出对金钱的羡慕。所以，我觉得是荣誉搅乱了孩子的心。有一位著名作家说过：生活累，一小半源于生存，一大半源于攀比。黄宁今后如果不能正确对待这些问题，她将会很疲惫的。

我们应该教育孩子学会做事情从实际出发，正确对待荣誉和表扬。一个人不可能时时事事出人头地，就像一艘出海的帆船一样，它绝对不能保证自己永远站在浪头上扬眉吐气。成功的经验是，经过自己的努力能够领先的事情不要放过，确实不具备领先资格的时候要自甘落后。有了这种正确的思想作指导的人，意志就会特别坚定，一般都能够经得起困难的考验。相反，如果一个人过于看重荣誉，过于注重形象，盲目追求自己达不到的目标，最后会适得其反，回报给自己一个个失望。黄宁还小，她今后要面临的困难还会很多，以后的路还很长。我们一定要帮助她树立正确的人生目标，帮助她克服自身的弱点，鼓励她在艰苦的环境中磨砺自己，锻炼成长。

转学的事情就不谈了吧,在这个学校为这件事情转学,到另一个学校遇到另外的问题难道又转学不成?

　　请您告诉黄宁,学校的老师都很喜欢她,大队辅导员表扬她在这次捐款活动中所做的工作,(是她代表大队部接受了各个中队的捐款,并把钱数登记造册,送到了市少年宫)她不应该辜负大家的希望。

　　就说这些吧,再见!

王欣

1998年9月

37 这是她的另一种宣泄

彭春琦的妈妈：

您好！

您的女儿彭春琦留给我的印象和您所说的她完全是两个人。她在学校里属于那种很守规矩的女孩子，从来没听说过彭春琦做过什么出格的事情。也没有见过她和同学们闹矛盾。她的学习成绩虽然不是很拔尖的，但也算班上的前几名，各门功课几乎不用我们操太多的心。由于她做事细心，有时候，我还会请她帮一点儿小忙，比如把同学的作业本子送到办公室里去，给哪一位老师捎个话儿等，她都乐于接受并且完成得很好。其他老师在我面前提到彭春琦，都夸奖她是一个很稳当、很可靠的孩子。

为什么她在家里会是您说的那个样子——经常恶作剧，经常粘着您不离开，经常和表弟表妹吵架？这让我觉得很意外。

根据儿童心理发展规律，一般来说，十岁的孩子不会跟大人斗心眼儿，有意地在老师面前表现得很乖，在家里表现得很放肆。那么，彭春琦的两种截然不同的表现是否可以理解为都是她内心真实的反映。也就是说，是学校和家庭的两种截然不同的环境，培养了她的两重性格。

一个孩子在怎样的环境里成长至关重要。就像一棵树苗栽在松软的沃土中，它可能根深叶茂，但是抵御困难的能力不够强。如果它扎根在悬崖峭壁上，就可能树干弯曲，枝疏叶稀，但是它有一颗坚强的心。您应该检查一下您的家庭环境，是不是对彭春琦这样的性格形成造成了影响。

孩子很粘您，可能是因为您经常不和她在一起的缘故，或者是您给她的关怀太少，造成她心理紧张，唯恐妈妈又从她的眼前消失。于是，只要瞧见您，她就会拉住您的手，偎依在您的怀里，给人一种粘粘糊糊的感觉。

恶作剧的孩子有时候是为了引起别人的注意。我曾经陪一位朋友去商场里买鞋，她带着她的女儿。我们俩一路走一路说话，挑鞋的时候，也是我俩在交换意见。后来，朋友在试完鞋以后，发现自己的旧鞋子不见了一只，我扶着单腿跳的她在商场里找了大半天，才发现是她九岁的女儿藏起了她的鞋子。朋友很生气，责问女儿为什么要出妈妈的洋相，她女儿的回答很精妙："我不把你的鞋藏起来，你们就不理我……"像这个孩子这样用恶作剧的方法引起大人注意的孩子不在少数。

企图引起大人注意的孩子还有一招，那就是使用过激手段。她和弟妹吵架，让大人去劝解；她故意摔东西，让大人骂她；她甚至把自己弄病了，让大人请假陪着她。这些发生在孩子身上的，让人十分不满意的现象，乍看起来是孩子的不良表现，其实是由于我们大人的疏忽造成的。

我不知道彭春琦是不是我说的这种孩子，您可以试一试，改变一下您和孩子相处的方法，看看她有没有改变。孩子还小，心理成长才开始，只要您方法正确，又有耐心，改变她还是大有希望的。

您的介绍，也让我进一步地了解了她。我会采用合适的方法配合您的教育的，请您放心。谢谢您把彭春琦的另一种表现介绍给我。

祝好！

王欣

2000 年 10 月

38 帮孩子走出自卑

叶坤蝉的爸爸:

您好!

看到您昨天难过的样子,我的心里很不是滋味,一直到今天眼前还不时地闪现您的身影。写这封信给您,一是想安慰一下您,二是想和您讨论一下怎样教育叶坤蝉。

我一直不知道您身有残疾,更不知道您是靠在街上摆小摊养活一家人的。要不是昨天您来学校送伞,遇到了我,可能一直到小学毕业,我还会蒙在鼓里,因为每一次学校召开家长会,叶坤蝉都让她的妈妈来参加,说您工作太忙了。

叶坤蝉曾经在一篇作文里介绍过她的家庭是一个幸福美满的

家，爸爸在一家公司里打工，虽说算不上白领，但是收入很可观。妈妈不用上班，一家人的日子过得很轻松，很幸福。看来，她是因为太爱面子而说了谎。

我首先劝您不要太伤心，我们不妨站在孩子的角度替她想一想。叶坤蝉虽然是一个小学生，但是她也会受今天的社会风气的影响。在她的周围，有的孩子的爸爸是老总，有的是局长，有的是收入颇丰的白领，也有许多同学的家长，是一般的工人或干部。即使不与人攀比收入，她也希望自己的爸爸是一个健康的正常人。更何况，在今天，金钱、地位，尤其是权力，经常是小学生讨论的话题之一，孩子们受不良风气的影响太大了！在叶坤蝉的谎言里，隐藏着她内心的需求。反过来讲，她不敢讲真话，是她的自卑心理在作怪，孩子也够可怜的了。所以，您应该原谅她。

当然，原谅了她对您的不尊重，并不等于可以原谅她的自卑心理。我们要一起帮助叶坤蝉从自卑中走出来。

您和她的妈妈在日常的生活中，要多和她交谈，要将造成你们痛苦的原因和经过告诉她，目的是要她理解，在人的一生中，不可能万事一帆风顺，各种各样的艰难和困苦说不定在哪一天都会落在自己的头上，这是一件不以个人意志为转移的事，说服她接受现实。

另外，您还可以用那些在困厄中艰难玉成的人作例子，教育她一个人只要自强不息，她的生活画板就不会全是黑色。不管叶坤蝉出于什么动机，她的学习成绩很优秀就是给自己的生活画板上涂上了一抹带色的彩。她应该为此而自豪的。在您给她说教的同时，你们也要用行动证明自己是一个身残志不残的人（我知道，您已经做得很好了，继续坚持）。我相信，只要你们不自卑，仰起头来做人，你们的女儿就有仰起头来的理由。你们要坚信，幸福是不分贫富的，自信是不依赖他人的。

我会给她极大的关怀，会向她推荐许多读物，让她通过阅读去认识更多的有志之士。我会是您一家人的朋友，只要需要，您尽管找我，我会尽最大的努力帮助您的。

今天就说到这里吧，以后有机会我们再交流。

再见！

祝您和您的妻子快乐、健康。

王欣

2000 年 11 月

39 他为什么如此叛逆

成先生：

您好！

您遇到一个特别叛逆的儿子很头痛，我在平常的教学中，也经常会遇到这样的孩子，深有同感。他们的思想行为总是和大人不合拍。叫他学习，他说要喝水。叫他陪一家人出去走亲戚，他说要和同学踢足球。叫他去锻炼，他又说要听音乐。总之，大人指东，他要向西。面对这样的孩子，不头痛的家长很少。不头痛的老师几乎没有。

然而，头痛归头痛，教育还是要教育的。我们先来分析一下为什么有些孩子很叛逆。

心理学上有一个名词叫"人格适应"。指的是一个人能够正常进行各种应当从事的活动，恰当地处理与他人的关系，他就达到了"人格适应"。相反，一个人不能根据环境要求改变自己，经常产生情绪上的干扰、抵触，造成心理冲突，这样的人被称为"人格适应不良"。我们所说的叛逆的孩子，大部分指的是这些"人格适应不良"的孩子。造成"人格适应不良"的原因很复杂，其中最重要的原因是不良的亲子关系和不良的学校教育。

孩子从出生以后，就一直生活在父母的身边，所以，家庭教育是儿童人格形成和塑造的第一个加工厂。为此，作为孩子的第一任老师如果没有想到自己的责任，将是一件很可怕的事情。我教过一个学生，他的父亲是爷爷的"老来子"，从小娇生惯养，对父母亲颐指气使。后来，他有了自己的儿子，他用对待父母的态度对待儿子，没想到，儿子根本不吃他那一套，一切事情都与他的要求背道而驰，搞得家长狼狈不堪。这时候他才觉悟到自己从前的错误。

还有的家长平时与孩子缺乏交流和沟通，经常使用高压手段迫使孩子就范，大有一点儿封建社会遗留的"父叫子亡，子不得不亡"的味道。这种被压得喘不过气来的孩子，很容易造成逆反心理，行为上表现出叛逆。即使他当时不敢在父母面前表现，离开了家庭，他一定会表现出来的。

说到学校教育，按说应该是培养学生健康成长的地方，但是，由于教师自身的"人格适应"程度不同，教育水平不齐，也存在个别教师与学生沟通方法不当的问题，尤其是不能因材施教——用一个标准要求几十个学生。达不到老师要求的孩子常常遭到老师的训斥，同学的排斥。造成这些孩子和老师同学之间的隔阂，这也是产生孩子叛逆的原因之一。

当然，周围的社会环境也可能对孩子带来影响。假如他交结了不好的朋友，读了不好的书，或者看了内容有害的录像等，都会受到潜移默化的熏陶。

您听了我的分析以后，是不是可以检查一下，看看您的儿子叛逆的原因何在，只有找到了原因，才能找到最有效的解决办法。我们可以在以后接着往下谈。

心理健康，是现代人身体健康的标准之一。为了孩子的未来，我们不光要重视他的衣食住行，更要重视他的心理卫生。但愿您经过努力能有所成效。

祝好！

王欣

2002 年 2 月

40 帮助老师了解您的孩子

成先生:

您好!

来信收到了,谢谢您愿意和我进一步交谈。您在信里所讲到的您儿子和班主任老师的关系是有些不正常。数学老师布置的作业他一笔一画地认真完成,班主任老师布置的作业,他不但不完成,而且把作业本子乱扔。有时候他还会写上一些莫名其妙的话诅咒班主任。这说明他和老师之间发生了隔阂。这件事情如果不解决,不但会影响到他的学习成绩,更重要的是,会影响到他的心理健康,必须想办法及时解决。

应该说,发生在教师和学生之间的矛盾,教师是矛盾的主要方面。所以，您要和教师沟通。沟通的方法很多。您可以单独找教师聊一聊，目的有两个。一是把您儿子的个性特点进一步介绍给教师，因为她接班不久，可能还没有全面了解同学。我在教学过程中，曾经因为不了解学生犯过许多错误，至今想起来都有些不安。她还年轻，工作上有疏漏也在所难免。二是要听取教师对您儿子的意见，孩子在学校里的表现和在家里也不完全一样，教师的介绍，有助于您对儿子的进一步了解。

　　和教师聊过以后，您会对双方的情况有初步的掌握。先做儿子的工作，把教师提出来的存在于您儿子身上的"毛病"给他摆出来，一条一条和他理论，一定要心平气和说服教育。是他错了的要求他改正，他指出的存在于教师身上的"毛病"（大部分是工作方法上的问题）您可不能当面表态："就是嘛，老师怎么能这样做呢，不像话！"这就坏了，您儿子就觉得有靠山了，他和教师会对立得更厉害。正确的方法是，您要再次与教师沟通。婉转地提醒教师要注意工作方法。我相信，只要您态度诚恳，方法得当（千万不要在大办公室里指出教师怎么做得不对）绝大多数教师不会让您难堪的，她们和您的目的是一致的，你们之间没有根本的利害冲突。

　　和教师仅仅一两次的接触还不够，您还要饶有兴趣地参与教师组织的有关学校与家庭之间开展的各种活动。像一些主题班队会的策划，像"六一"的演出，像"学雷锋，做好事"等，拉近您的家庭与学校之间的距离，让教师感受到您对她工作的支持，让您儿子体会到学校和家庭关系的密切。时间长了，您儿子与教师也就走得近了，关系会缓和下来的。

  当然，在以后的日子里，您要经常和学校取得联系，工作忙了，打一个电话也可以。不能是出现问题了就往学校跑，没有问题的时候，就见不上家长的面。教师对这种家长是很有意见的。

  您说的那种给儿子转学的方法不可取。如果确实是教师的教育方法有问题，您的儿子遭遇了一次挫折，那也应该让他接受这次挫折教育，要让他知道，不是世界上所有的人都像爸爸妈妈那样，把他捧作"皇帝"的，他在今后成长的途中，不知道要经历多少次挫折。难道一有不顺心就转学吗？这次挫折实际上是对他的一次锻炼，经过挫折锤炼的孩子成长得快。

  不知道我的建议能不能对您有所帮助。很愿意和您继续保持联系。

  谢谢！

王欣
2002 年 3 月

41 让孩子远离嫉妒

褚女士：

您好！

您的女儿因为同学的作文发表在杂志上而气得不吃饭，真是让人哭笑不得。今天的孩子到底是上进心太强了呢，还是嫉妒心太强了，有时候，连我这搞了几十年教育工作的人，都弄不清楚了。像您女儿这样的小学生很多。在一个班上，如果老师经常表扬某一个同学，其他同学就开始疏远她；如果一个同学得到老师的信任多一些，选班干部的时候，他的票数就很可能不高……这些小家伙还时不时地进行攀比。你买了一个进口的自动铅笔，我就要买五层高的全自动铅笔盒。你今天穿了双名牌鞋，我明天就要穿名牌衣服。你的爸爸给学校捐助了几个垃圾桶,我就要爸爸给学校捐几台电脑。

这种现象显然不正常。学校和教师也在想方设法扭转。

造成孩子们嫉妒心太强的最主要原因是孩子们缺乏判断力,他们受社会风气的影响太大。今天,发生在大人们之间的那些因忌而生恨的事情有的写在书上,有的印在报纸上,有的干脆由大人们表演着,赤裸裸地展现在孩子们的面前。他们识别良莠的能力很差,模仿能力倒是极强。于是像您的女儿这样因为自己的作文不能发表而痛哭不止的事情就发生了。这还算是小事情,还有更大的,骇人听闻的事情,简直让人无法接受。

为了下一代的健康成长,党和国家一再要求净化社会环境,提高人民的道德素养。同时,学校开展各种活动向学生进行心理健康教育,有的学校还建立了心理诉说信箱,有专门负责的老师回答学生的提问。应该说还是有所成效的。

您的女儿所嫉妒的事情,和她的上进心有关。您要把她的这一点肯定下来,鼓励她不断严格要求自己,积极上进。不要因为一次失利,就泄了气。然后再对她进行关于保持良好心态的教育。您要告诉她,一个人一生中最重要的是要保持一种良好的心态,它可以使你终生感受幸福。而嫉妒心是一棵长在心灵深处里的毒草，它会让你天天恼怒烦躁，时时郁郁寡欢。所以，一定要远离嫉妒。只要您的女儿改变了她的心态，她就改变了自己的世界。

您可以和她的老师取得联系，争取她对您的帮助，争取她对孩子作文的指导。

当然，您在日常生活中还要给女儿作出榜样，以自己豁达、开朗的性格影响她，以自己平和的处世态度感染她。您可以和她一起读一些有关心理健康的书籍，特别是20世纪伟大的人生导师戴尔·卡耐基写的书，很值得反复咀嚼，反复体味。

塑造孩子的心灵远比养大孩子的难度要大得多，因为这种塑造，不是给他一块蛋糕就能解决得了的。

但愿您能和孩子及时沟通，让她快乐起来。欢迎保持联系。

祝好！

王欣
2001年10月

42 教孩子学会认错

钟先生：

　　您好！

　　发生在您儿子钟泽润和同学之间的事情已经过去一个星期了，今天您还为这件事和我联系，我很感动。说明您对孩子的要求很严格，这很有利于钟泽润的成长。与您形成对照的是，我们的许多家长，把孩子送到学校以后，能不管就不管。凡是发生在学校里的事情，他们都认为是老师的事，一般不愿意过问。岂不知，凡涉及到孩子的教育问题，家庭和学校从来就是不可分割的整体，所以我要谢谢您，谢谢您对我工作的支持。

　　十二岁的钟泽润对自己平常的要求还是比较严格的，他犯错的时候不多，一般情况下，老师很少批评他。但是他也很倔强，但凡他认定的事情就要坚持下去，不容易接受别人的意见。

　　发生在上个星期的这件事情您已经清楚了，很显然是钟泽润错了。为了让他给同学道歉，我和大队辅导员费尽了口舌，他就一句话："我没有错！"那态度，仿佛是共产党员面对敌人的严刑拷打，弄得我和大队辅导员哭笑不得。后来，还是那个同学给老师一个台阶下："老师，他说他没有错，那就可能是我错了，我不要他道歉了。"钟泽润这时候大喊一声："明明就是你错了！"他在这件事情上的极端表现，不但给我，也给同学们留下了深刻的印象。

　　我们应该教育钟泽润学会认错。因为这是一件对他来说很重要的事情。

　　诱导，是最有效的方法。

　　诱导要捕捉时机，借题发挥。比如，和他一起读《将相和》，用书中老将廉颇知错就改，负荆请罪的典故启发他认识到人非圣贤，孰能无过？知错就改，圣贤之举也。比如，在平时的生活中，遇到某一件事情，有意无意地给他灌输知错能改是一个人有气度、有修养的表现。再比如，大人犯了错误，积极改正，给他树立榜样，让他懂得认错并不耻辱的道理等。诱导的真谛在于诱发孩子的良知，它动员起来的是深层次的内部的动力。钟泽润和同学发生的矛盾，是他伤害了同学的自尊心。如果我们诱导成功，他就能产生对同学的愧疚之心。这对于他来说，无疑是一次成长。

另外，我还想到对钟泽润教育的另一个办法，那就是在他犯了错误以后，不要急于批评他，这样，他就不会立刻和你对立起来。等他平静了以后再慢慢地把他的错误摆出来，可能他会表现得冷静一些的。

世界著名人生导师戴尔·卡耐基说过，如果我们知道自己一定会遭到责备时，我们首先应该自己责备自己，这比受别人责备要好得多，用争斗的方法，你永远无法得到满足，但用让步的方法，你可能收获得更多。这些辩证的理论，我们都可以向孩子渗透，引导他正确对待自己的错误。

其实，一个人，尤其是一个孩子，否定一次自己，就是战胜一次自己，就会成长一次。最终就会成就自己。相信我们的钟泽润会不断地克服自己的缺点，不断地进步，不断地给大家带来许多惊喜。

就说到这里吧！欢迎保持联系。

祝您工作顺利，全家幸福！

王欣

2003年9月

43 他应该和大家一样快乐

白小秦的妈妈：

您好！

您来电话向我反映，您的儿子白小秦在我们学校上学，他过得很不开心。班上的同学因为他是农民工的儿子而瞧不起他，常常拿他的名字开玩笑，学他说话，他在班上很孤立，几乎没有朋友，他不想在这儿读书了，你问我该怎么办。

我首先应该给您道歉，作为孩子的老师，我应该让所有在我们班学习的孩子脸上永远荡漾着灿烂的笑容。是我的工作不细心，没有给白小秦创造一个良好的学习环境，对不起！

您说您想把孩子转回老家去读书，这万万不可以。因为你们夫妻在城里打工，老家只有年迈的爷爷，老人家已经没有能力照顾孩子了，把孩子转回去，不但会加重老人的负担，对孩子也很不好。再说，如果让白小秦揣着一颗受伤的心回老家，对孩子成长不利，他会觉得这个世界不公平，他会用一种异样的目光来看待世界。所以，您打消这个念头吧！

让孩子继续在我们学校读书吧！我们携起手来，找回他失去的快乐。学校的工作由我负责。我会给班上的同学们做工作，教育他们不能歧视任何同学。不管是城里的孩子，还是农村的孩子，大家在一个班里读书，应该团结友爱互相帮助，共同进步亲如兄弟姐妹。其实，小孩子们并不会像我们大人一样，对人的看法一成不变。他们往往容易随大流，别人怎么做他就怎么做。目前这种情况的形成，是我们大人忽视了对孩子们应该进行的团结互助教育。我相信，只要老师引导得力，他们很快就会和白小秦亲热起来，不信，您走着看，不出一个月，白小秦就会像他在老家一样活蹦乱跳起来。

除了学校应该给他创造环境，您在家里也一定要对孩子进行必要的教育。农民大量进城务工，是我们国家现存的经济发展条件下的新生事物。你们对国家建设作出了巨大贡献。但是，由于社会保障制度不健全，你们面临许多困难，诸如医疗、住房以及孩子读书等问题都不能得到妥善解决。这其中，尤其是孩子的读书问题，给你们造成了极大的经济上的，精神上的压力。我接触过不少家长，对你们的状况有所了解。我也知道，不管怎样，做家长的，首先要正确面对困难，以饱满的情绪迎接生活的挑战，不然，孩子也会觉得无望，丧失学习兴趣，成绩自然就上不去了，他也就因此更容易遭到同学们的奚落。

您还可以给孩子讲两个名人的故事，他们都是中央电视台著名节目主持人。一个是白岩松，他从一个小城市考到北京的一所大学读书，总怕别的同学瞧不起他，每次照相都要戴上眼镜。另一个是张越，她曾经因为身体肥胖，恐惧长跑测试，差一点儿毕不了业。如今，这两个人都以才华赢得全国人民的喜爱。您要告诉孩子，只要他自己不泄气，发奋努力，未来的生活完全可以一片光明。

在我认识的农民家长里面，有许多人很有主见。他们认为大人再困难，也不能耽误孩子。他们设法把孩子送进最好的学校读书，对孩子学习的需要，该满足的一定满足，同时对孩子要求很严格。

这样的孩子一般读书很上进,他们在班上根本看不出是来自农村的。您应该向这些家长学习,为孩子的教育多动心思,争取理想的结果。

  谢谢您给我打电话,让我了解了这个情况,我会把这件事情办好的。

  祝您一家生活愉快!

王欣
2002 年 1 月

44 诚实是金

全先生：

　　您好！

　　全群宾今天来到学校以后就向老师承认了错误，说他昨天确实没有完成作业，今天补上，数学老师原谅了他。处理完这件事情，我想应该和您谈一谈孩子说谎的事情。

　　首先，小学生说谎带有普遍性，您不必过于紧张，不要认为自己有一个说谎的孩子天就塌下来了，然后对孩子采取严厉的惩罚。我们需要静下心来对待这个问题。

　　孩子最初说谎的原因都是出于害怕。他做错了一件事情，害怕受到大人的惩罚，就要想法子推卸掉自己的责任，编个假话蒙家长或者老师。在我的身上曾经发生过一件说谎的事情，至今我都记忆犹新。那是在我上小学三年级的时候，我和奶奶生活在农村。一年冬天，我给奶奶用柴火烧炕，不小心把奶奶正在给我做的一只棉鞋帮子带进了火炕里。我用柴火棍赶快把它掏出来，可惜已经面目全非。望着这只黑乎乎的东西，我吓得哭出了声。不光因为奶奶脾气不好我会受到责骂，更重要的是做一双棉鞋要花费许多布料和棉花，那时候的日子很穷呀！想想也真可笑，我怕奶奶惩罚我，干脆把另一只棉鞋帮子也扔进炕洞烧了，一只都没有了，奶奶也就不会怀疑我了。后来，奶奶问我见没见过她做的棉鞋帮子，我咬紧牙说没有，直到奶奶去世，我都没有把这件事的真相告诉给她。

我认为故事里，我奶奶暴躁的脾气促使了我说谎，假如我把真相告诉给她，她肯定会美美揍我一顿，是谎话让我免去了一次皮肉之苦。所以我至今对那次说谎不悔。等我长大成人有了自己的孩子，我就对孩子说："无论你做错了什么事情都要给妈妈讲清楚，妈妈不会惩罚你的。假如你欺骗了妈妈，我会很难过的。"在我的诱导下，我的两个孩子说谎的次数不多。

每一个孩子都可能犯错误，就像刘少奇同志讲的，人从降生的那一天起，便不断地犯错误，只有在不断地犯错误，不断地碰钉子的过程中，才能逐渐地懂得事情。因此，对于孩子所犯的错误，大人不要把它看得过于严重，（即使是严重的错误已经发生了也得面对现实）不要给孩子造成过大的心理压力，他才可能敢讲真话。我相信，只要做父母的能与孩子保持一种比较平等的关系，让孩子体会到没有必要说谎，他也就不用拿谎言作自卫的武器了。

孩子毕竟幼稚，谎话瞒不过大人的眼睛。如何处理孩子说谎的问题又是一个重要的事情。大多数家长会火冒三丈，严厉惩罚。这就坏了，孩子因为害怕得到惩罚会变本加厉地编谎言，最后说谎成了习惯，这个结果，恰恰是我们大人用不妥当的方法逼出来的。说是父母创造了孩子的命运，一点儿也不过分。

另外，对于孩子的教育问题，我们不能坐等孩子犯了错误以后再进行教育，要打"主动仗"，要在平时的生活和学习之中进行诚实教育。当然，家长和老师的表率作用是第一份教材，这份教材所起的作用远比任何说教都有效。总之，有关孩子成长的事情，每一件都要求我们细心去了解，用最科学的办法去解决，以免事与愿违。

全群宾说您和他的妈妈对他要求很严，所以，我推测他有时候说谎和他畏惧你们有关。您和您的夫人最好多了解一下孩子，不要给他制定过高的目标，要多和孩子交谈，让他从心里热爱你们，信任你们，那么，他就有可能对你们畅所欲言。

王欣

2001 年 1 月

45 她会回来的

菁慧：

　　您好！

　　昨晚您走了以后，我好长时间都没有睡着觉，眼前不时地浮现出晶晶小时候的样子。上一年级的时候她不认识学校的厕所急得在操场上哭，上三年级的时候她代表我们班在全校大会上朗诵《我们是春天里的花朵》，到了六年级，晶晶像个假小子，和男同学一起在操场上踢足球……上初中以后，她来学校看过我两次，虽然个子比小学的时候高多了，但是那一双清澈的明眸里仍然闪动着天真和幼稚，她还是一个很单纯的小女孩儿。这时间才过了两三年，怎么一下子就和同班的一位男同学"同居"了呢？

我真地很为晶晶难过，也很为您难过。正像您说的那样，晶晶的问题可能出在您平时和孩子交流太少上。您本身就是教育工作者，按理说您是懂得与孩子交流的重要性的。可是我们做教育工作的人，往往是顾了别人的孩子就忘了自己的儿女。由于生理的原因，十二三岁的孩子正处在一个身体、心理、性格的重要变化时期，这时候的孩子应该更多地得到家长和老师的关怀。遗憾的是您没有时间陪她，谁都知道高三的教学任务有多重！您的一颗心全操在了学生的身上，期末，您学生考试的成绩在全区名列前茅，然而，您女儿却是门门功课不及格。老师的指责，同学们的鄙夷一次又一次地打击着她。如果您在这时候能及时地伸出双手拉孩子一把的话，事情也许不会发展成今天的样子，她也不会做出这样出格的决定。

是的，这是我们家长面对家庭教育失误所做的自问自责。但是，对一个孩子来说，特别是对一个初中生来说，学校教育对孩子的影响又是何等的重要啊！不能不说目前在我们的学校里，尤其是在中学校园里"智育第一""应试教育"仍然是重头戏。学校和教师对学习成绩落后的同学很少耐下心来做教育工作。大多数采取的是任其发展的态度。像晶晶这样缺乏理性的判断，选择失误的孩子比比皆是。这是中国教育的一块不愿揭给人看的"疤"！不知什么时候才能有一种灵丹妙药将这块"疤"彻底揭开并得到彻底治愈。

话说回来，事情已经发生了，我们只有面对现实了。

您说您已经找过晶晶许多回了，她坚决不回家，那就不要勉强把她拉回来，更不要通过司法机关采取断然措施。您是不是可以耐心地等待一段时间。孩子们太天真了，他们不知道"过日子"绝不像他们的冲动一样说发生就发生了，说消失就消失了，那是需要持久的耐心和勇气来面对的。不信你看，不过三两个月，他们就会因为各种冲突而分道扬镳的。"断绝关系"的话您不但不能说，还要在他们生活在一起的日子里给予必要的关心，其中包括生理卫生教育，不要让孩子把身体彻底搞垮了。您还要和那个男孩子的家长联系，共同做孩子的教育工作。

我曾经读过一篇记叙佛家小事的文章，有一位方丈因为没有原谅犯了戒律的徒弟而追悔莫及，临终留下这样一段遗言：这世上，没有什么歧途不可以回头，没有什么错误不可以改正。一个真心向善的念头，是最罕有的奇迹，好像佛桌上开出的花朵。而让奇迹隐灭的，不是错误，是一颗冰冷的、不肯相信的心。我认为晶晶一定会有迷途知返的一天的！

您说晶晶很信任我，那我就试着去找找她。但愿能够帮助她有所觉悟。

总之，在这件事情上您要有信心，相信理智最终会战胜冲动，亲情最终能召唤回来迷途的羔羊。

祝您身体健康！

王欣

2000年2月

46 教育孩子做一个受欢迎的小客人

骁勇:

你好!

那天你带孩子走了以后,我和你表姐用了近两个钟头时间才把屋子整理好。在整理的过程中,我们发现沙发上有你儿子旅游鞋的脚印(人家当时就是坚决不脱脚上的旅游鞋),茶几上全是他吃的面包渣,我卧室地上有他看过的、扔得乱七八糟的画报,卫生间的面盆里有被他浸泡得面目全非的绒布玩具……你的表姐一边整理,一边嘟囔:"太不像话了,怎么把孩子惯成了这个样子,一点规矩都没有……"当时我没有火上浇油,但是有一个念头一直在我头脑中闪现：一定得跟你谈谈关于教育孩子的问题！

我知道，你和你爱人的学历都很高，受西方教育影响比较大，对中国传统教育有看法。最明显的一点就是认为中国的孩子高分低能，书呆子气太重，长大以后不能应对挑战。所以你们很看重孩子能力的发展，不想给孩子施加太大的压力，让他在一种很放松的氛围中生活。这个出发点原本是没有错的。现在，我要和你讨论的是没有压力和没有规矩是不是一回事？

以我的见解，没有压力指的是不能给孩子过重的学业负担和思想负担，在教育孩子的过程中，重视唤起孩子的主体意识，关注孩子的兴趣，尊重孩子的自主选择，培养孩子在情感、态度、能力等方面的发展。这和对孩子进行必要的思想道德教育，正确的行为指导是没有一点儿矛盾的。你这个已经读了三年级的儿子穿着旅游鞋在别人家沙发上踩来踩去，把好好的玩具塞在水里恐怕是得给一点儿压力吧！最让我大感不解的是你们夫妻眼看着儿子穿着旅游鞋在沙发上踩来踩去，竟没有说他一声！

中国有句老话叫作"没有规矩不成方圆"，外国人也说"行动时必须遵从规则"。可见不管是东方还是西方，做人都是要守规矩的。从小教孩子学会守规矩，是一个家长不可推卸的责任。

也是前几天，我的朋友把她五岁的儿子带到我家来玩。小家伙很淘气，打开钢琴盖子用小拳头一通乱揍，钢琴发出刺耳的响声。她马上把儿子叫到眼前告诉他："你把钢琴打痛了，去给它道歉。"小家伙也很聪明："妈妈，钢琴听不懂我的话。""不是这样，钢琴能听懂，任何东西都有感觉，你无缘无故地打它，就应该给它道歉。"他不想去道歉，妈妈就不理他。僵持了几分钟，他还是走到了钢琴跟前认认真真地说了一句："钢琴，对不起。"我发现，当这个小家伙再次弹琴的时候，就用上了手指，看见我在注视着他，他冲我一摆手说："奶奶，我不会把钢琴打痛的。"我觉得她就很会教育孩子，她们娘俩在我家呆了半天，我就听到她说了无数个"没规矩！"她很重视教育孩子讲文明，懂礼貌，守规矩。她说之所以这样严格要求，是因为她希望自己的儿子无论到了谁家都是一个受欢迎的小客人。

咱们是近亲，你的儿子在我家里这样"捣乱"也就罢了，他如果到了别人家里也如此这般表现，我看人家不会再请你们去做客的，不信，你试试看。

趁孩子还小，赶快抓紧教育，给他讲守规矩的道理，纠正他的坏毛病还是来得及的。如果现在不纠正，等他长大了就不太好办了。

我想送你一段一个西方人说的话，供你参考。

替别人着想，顾及和尊重别人，这是一个人最起码的修养，而修养正是体现在小事上。考取学位和谋得一个好的职位固然重要，但与人相处的良好的习惯和修养同样重要。如果说学位、职位代表了一个人的身份的话，那么习惯和修养就是人的第二身份，人们同样以此来判断一个人。

但愿我的忠告能引起你的注意。

王欣
2000 年 2 月

47 规则无处不在

彭先生：

您好！

你来信问我您坚持让孩子学会守规矩有没有错，我明确地告诉您：您没有错。看来，您与夫人在教育孩子的问题上有了一些分歧。不要紧，您别着急，慢慢地做她的工作，相信她会转变认识的。

我们常说的规矩，一般指的是人的行为准则，也就是一个人应该遵守的本分。为了使规矩更明确，更具体，更便于检查，人们又制定了大家在一定范围内应该共同遵守的具体规定，这就叫规则。比如说，在图书馆里，不允许大声喧哗。行驶在马路上的汽车和行人，必须看绿灯方能放行。就连孩子们玩的游戏中，也有各种各样的规则。可以这样说，规则无处不在。正是有这些规则的限制，人们才可能生活在一个井然有序的环境中，人们的各种权益才有可能得到保证，否则，一切将无法想象。

在一个图书馆里，大家都在静悄悄地看书，这时候，有两个人旁若无人地大声交流读书心得，四周的人马上就会向他们投去厌恶的目光：怎么这么不守规则！一对夫妇带儿子去逛玩具店，儿子无论看见什么好玩的东西，都是先问商店的工作人员："阿姨，我可以动它吗？"每一个工作人员都夸奖这个孩子"真懂规矩"，可见，守规矩的人会受到大家的赞扬，不守规矩的人一定是一个不受欢迎的人。

小学生正处在学习人生的起跑阶段，遵守规则教育是必不可少的。

在学校里，老师引导小学生遵守学校的有关规章制度，执行小学生行为规范。所以，大多数学生，按时上学，按时回家，按时完成作业，接受各种测试和检查。他们尊敬老师，团结同学，维护集体荣誉。在家里，多数家长也能够配合学校教育孩子遵守公共道德，文明礼貌待人。这样的孩子，长大以后，一般能自觉遵守国家法令，有较高的道德素养。

但是，也有一些家长，因为过于溺爱孩子，娇生惯养，不注意引导孩子遵守规则。举个例子。孩子早上起晚了，按规矩家长应该督促他赶快到学校去上课，向老师承认错误。可是有的家长，就替孩子说谎，给老师写一个条子，谎称孩子昨晚发烧了。孩子这回逃过了一次批评，下次就会又想一个办法对付老师的。常此下去，说谎、懒惰、逃学、不思进取等毛病都会接踵而来。那时候，后悔已经来不及了。

其实，大家可能都知道，遵守规则是一种教养，一种风度，一种文化，也是一种现代人必需的品格。既然各位家长都想让自己的孩子将来融洽于现代社会生活，为什么还不重视从小就培养孩子的这种优良的品格？

关于怎样培养孩子遵守规则的问题。我重点要提醒您家长的表率作用非常重要。一般地讲，大人为人做事恪守本分，按规则办事，孩子受其潜移默化的影响，就会比较遵守规则。大人如果不能严格要求自己，就很难要求孩子了。当然，在与孩子相处的过程中，家长还要根据实际情况，见缝插针地进行各种形式的教育。还要和学校老师取得联系，有针对性地进行教育。您要相信，用心的教育，都会得到意外的收获。

请把我的意思转告给您的夫人。说我很希望和她交朋友，欢迎她与我交流教育心得。

祝好！

王欣

2000年3月

48 培养坚强的男子汉

吴先生：

您好！

您来信谈到您的儿子吴臻良动不动像个女孩子一样特别爱哭鼻子的事情，在我们的周围，有不少男孩子也有这样的毛病。所以您不要着急，目前更不必带孩子去看心理医生。

按孩子成长的规律，男女生性格的差别在孩子上了小学以后就逐渐显现得比较清楚。男孩子粗心、淘气、爱闹，但比较坚强勇敢，女孩子脆弱、爱哭，但比较细心认真。这是普遍现象。但是个别现象也存在。有的男孩子在小学阶段仍然显得胆子很小，受到批评或者和同学发生纠纷不敢据理力争就哭鼻子。与这些男孩子形成对照的是有个别女孩子，表现得特别"疯"，一副天不怕、地不怕的样子。尤其是近些年来，这种不太正常的"阴盛阳衰"的现象有扩展的趋势。它引起了有关专家的重视，不是已经有人撰文呼吁改变小学教师的男女比例吗，其中目的之一就是要用男老师的性格影响那些脆弱的男孩子们。

虽然这种现象在不少孩子中也存在，但是我们也不能任由其发展下去，如果我们现在忽视了对孩子的培养，一旦这种懦弱的性格根植在孩子身上，将来就有可能影响他的工作和生活。因为人们常说的"性格决定命运"这句话是有一定道理的。我觉得您现在重视到这个问题为时不晚，应该是可以纠正过来的。

我建议您从以下几方面着手培养吴臻良。

第一，要尽早把孩子接到你们身边来带。因为孩子长期和老人生活在一起，得到的呵护和关爱太多，什么事情都有老人出面解决，他就很少有机会解决自己面临的各种问题。假如孩子在您的身边，在他与小朋友发生矛盾的时候，您一定不会像奶奶那样，不问青红皂白带着他就找上对方的家要求对方给吴臻良认错。

第二，要重视家长对孩子的影响。我相信您和夫人在日常生活中一定会有正确解决困难的方法。孩子如果和你们生活在一起，就会受到潜移默化的影响，这对孩子很有益。尤其是您要和孩子多接触，有人说，男孩子的性格是爸爸造就的。可见爸爸对男孩子的影响有多大。您可以带他主动给家里的"弱者"多做贡献，培养男人的自豪感。也可以带他多参加一些"男人们"的活动，比如爬山、打球、游泳、健身、越野等磨砺他的意志。

第三，要给他推荐一些古今中外的名人传记阅读，尤其是那些历经艰险最终走向人生辉煌顶点的人物，一般都有一颗特别坚强的心，让孩子在阅读中去体会勇敢坚强对人的一生有多么重要。

第四，可以有意地让他承担一些压力，比如让他独自去买一些小东西。给他创造与人打交道的机会。还可以委托他在某一件事情中照顾爷爷奶奶或者妈妈，唤起他的责任感。

有一点还要引起您的注意，那就是纠正他爱哭鼻子的习惯不能用命令的办法。在他已经伤心了的时候让他把眼泪噙在眼眶里，这对孩子很有害。他要哭，就让他哭，哭完以后再讲道理，他把道理弄明白了，以后就不哭了。憋着眼泪会伤害孩子身体的。讲道理要用情感引导，告诉他："爸爸知道你很难过……"

总之，吴臻良才上四年级，性格还没有完全形成，现在培养还来得及，问题是我们做家长的和做教师的要有耐心做这件事情，急躁是解决不了任何问题的。

就说这些吧。有问题还可以和我联系。

王欣
2003年4月

49 要有一颗善良的心

邱先生：

  您好！

  感谢您关心孩子的教育问题。您看到自己的孩子和他的同学在放学的路上为难一位问路的残疾青年，立即上前制止。不但批评了您的孩子，并且给我写信，提醒我在日常的教育工作中把"教育孩子拥有一颗善良的心"作为思想教育的一大主题。您是一位很关心孩子思想建设，很关心学校工作的家长，您的建议非常好，再次谢谢您。

  善良，本来就是中国人的传统美德，在我们祖先的眼里，"人之初，性本善。"可悲的是不知从什么时候起，在我们的身边，善良竟悄悄地和我们拉开了距离，披上了一层朦胧的外衣。取而代之的是野蛮、粗鲁，甚至是凶恶。如今在大街上，经常可以碰见有人突发疾病晕倒在地，周围站了许多人没有一个人出手相救；有的人在别人遇到困难的时候，伸手帮助了，但最终惹来一身说不明白的官司。类似这样的社会问题，也影响到了正在成长的未成年人。许多孩子变得特别冷漠，很少关心自己以外的事情。更有甚者，恃强凌弱，飞扬跋扈，甚至残害人命的现象在他们身上也时有发生。不少报纸都曾经报道过在中小学校园里，学生之间采用各种残忍手段迫害同学，甚或摧残致死的事情。这些现象已经引起有关部门的重视，国家三令五申贯彻《未成年人保护法》，清理学校周边环境，成立"关心下一代协会"。最近，党中央、国务院又颁发了《关于进一步加强和改进未成年人思想道德建设的若干意见》等都是重视未成年人教育的举措。但是，对人的思想教育不是一朝一夕就能立竿见影的，尤其是对未成年人的教育更需要社会、家庭、学校相互配合，通过大量的工作，才能有所成效。

　　您问我在家庭里如何培养孩子的善良情感，我觉得首先是家长要对这个问题有所重视，要明白对孩子进行情感教育是一切教育的基础，优秀的学习成绩并不能代表一个人肯定是满怀热情，富有爱心的。如果家长重视了对孩子善良情感的教育，就会在平日与孩子的交流中或用语言教育，或用行动感染，或创设情景熏陶，都会收到良好的效果。

在这三种教育方法里，行动感染是最有效的。就拿家长与孩子的关系来说吧，如果家长对孩子的教育很有耐心，有时候还很"同情"孩子，遇事不强差他意，犯了错误给他以改正的机会，接受这种家庭教育的孩子一般都富有同情心，与人相处也不会那么刻薄。家长处理与外人关系的方法，更是孩子的生动教材，家长善良，孩子忠厚，家长蛮横，孩子无理，无数事实充分证明了这一点。如果我们每个家长都能与人为善，用行动感染自己的孩子，那么从家庭这棵树上落下的每一片叶子起码是心怀忠厚的。

当然，一个孩子的思想成长，会受到来自各个方面的影响，学校教育也是十分重要的一个环节。我们应该在日常的教育中精心设计各种活动，采用学生喜闻乐见的形式帮助学生认识什么是真、善、美，什么是假、恶、丑，提高学生辨别是非的能力。把传统的"勿以恶小而为之，勿以善小而不为"的观念渗透进孩子们的心田。

让我们一起携起手来，为每个孩子拥有一颗善良的心而共同努力吧！

谢谢！

王欣

2003 年 9 月

50 学会与人合作

赫女士：

　　您好！

　　自从我们上次接触以后，我对您特别重视教育儿子晁洪璋与同学团结合作的做法很感兴趣。从那天以后，我就留心观察晁洪璋，发现他的确与别的同学不太一样。

　　有一天，同学们在操场上活动课，想打乒乓球的同学很多，可是乒乓球案子只有两台。大家你争我抢，急得有些同学几乎要动拳头了。这时候，晁洪璋站出来给大家出了一个主意："我看这样抢下去，等到下了课咱们大家都打不成。不如咱们用"石头、剪子、布"来决定擂主，由他挑战大家，谁输了谁下台！""欢迎！"

乒乓球案子周围响起一片欢呼声。我一直注意观察，晁洪璋把同学们组织得特别好，没有一个人违反规定。那节活动课上得井然有序，晁洪璋功不可没。

还有几次，班上有几个同学闹不团结，我故意问晁洪璋："你说他们为什么总是不团结呀？""他们遇事都是光想自己，从来也不考虑别人，当然爱和同学闹别扭了。""你在遇到别人冤枉你的时候，是怎么考虑的？""别人冤枉你一定是有原因的，他怎么不去冤枉另外一个人呢？我是先检查自己有没有错误，如果我确实没有错误，再找他慢慢谈，相信他会改正对我的看法的。如果大家都是一遇矛盾就说是别人的错，那就永远也没有安宁的日子过了！"小小的孩子，竟然有这样的自我批评精神，这是他能与人团结合作的根本。后来，我让他在班会上讲了自己与同学相处的原则，全班同学听了他的话受到很大的启发，那些爱闹矛盾的同学之间的关系也得到了缓解。很多同学都学习晁洪璋的样子，注意严格要求自己，主动团结同学，从那时起，我们班同学空前团结，班上的团队氛围特别浓厚。连其他各科的老师都惊讶地问我："你们班最近开展了什么活动？怎么一个个同学的精神面貌那么好？"我告诉他们说是因为班上有一个同学叫晁洪璋。

我不能不说，您是一位很有远见的家长。与您相比，我们的很多家长更多的是注意提高孩子的学习成绩，注意培养孩子的各种特长的发展。他们对于孩子是否有着良好的思维习惯和行为习惯，往往不是很注意。有的家长甚至从小就给孩子灌输"竞争是残酷的，你要出人头地，就不能和别人拉着手前进"的错误思想。这些孩子最容易发展成"一枝独秀"，他们往往缺乏团队精神，更不要说包容别人的错误。因为孩子们年龄还小，目前只能看出来这些孩子在班上比较孤立，只有在他们将来走向社会以后，面临与人交往的时候就可以看出当时家庭教育的严重缺陷了。

您虽然不是搞教育工作的，但是您很注意研究教育的规律，注意摸索教育孩子的最佳方法，所以您的家庭教育就比较成功。我非常感谢那一天咱们俩的交流，它不但把一个积极上进、善于团结同学的晁洪璋推入了我的视线，而且让我们班的班风有了一个很大的转变。我应该谢谢您。

很希望和您多交流。

祝好！

王欣
2002年2月

第五篇 你和他是朋友

51 了解他为什么不爱讲话

尚耘：

你好！

接到你的信很高兴。

你说要向我请教关于教育孩子的问题。我有些不敢当了。虽然我是你的老师，但是，我是你二十年前的老师。今天的你，已经是一名文化局的科长了，对教育问题，应该算是"内行"了。况且，这二十年的时间可不比寻常，它是我国在各个方面发生变化最大的二十年。老师无论怎样学习，也赶不上时代发展变化的速度。

话虽这样说，我还是很关心教育的信息。现在的家长，对孩子的期望值高得让人眼晕。哪一个家长不是盼儿成龙，盼女成凤！

你怎么样，也有一颗望子成龙的心在胸中激荡吧？

言归正转。你说你的儿子对他在学校里发生的事情守口如瓶，无论是受了批评，还是得到表扬，甚至是在放学的路上遭到大孩子的抢劫，也不吭一声，这可有点儿不好。

你需要仔细地分析一下，孩子是因为什么原因不愿意与你们沟通。先分析一下孩子的性格，看他是不是一个特别内向的孩子。如果孩子并不内向，他很愿意与别人交流，单单不愿意和你们夫妻讲话，那就要在你们身上找原因了。是不是有时候孩子说的事情没有得到你们的重视？是不是你们因为孩子在学校受了批评就不分青红皂白地训他？是不是你们忙于工作，和孩子很少交流，属于那种不管耕作，只讲收获的家长……这就是说，我们每个家长，都应该了解和熟悉自己的孩子。只有这样，才能找到正确的沟通方法。

如果你的孩子性格内向，做父母的就要花出相当的时间耐心地与他沟通。每天都要主动地关心他，询问他在学校的情况。休息日要陪他去参加那些他感兴趣的活动，要热情邀请他的同学伙伴来家里玩。还可以把家里的一些小事情托他管理，增加他的主人公意识。内向的孩子还特别敏感，你随时都要注意不要伤害了他的自尊心。

假如原因出在你们的身上，那就只有一句话：哪里跌倒哪里爬起来！有时候一次不经意的伤害，也会给孩子留下难以抹去的印象。

我要提醒你的是，无论属于哪种情况，你们千万要记住，不能给孩子下结论，尤其不能伤害孩子："你就是个闷葫芦！我们简直失望透顶了！随便你在学校混个什么样子吧！"等等。

想来你也知道，现在的孩子大多数都是独生子女，在家里没有同龄人作伴，他们很重视与家长的交流，出于他们的认知水平，有时候，家长不经意间就会伤害了他，真是难办得很。所以，真正能让孩子把自己当作知心朋友的爸爸妈妈，才是成功的家长。

根据你从前的性格和现在的工作，应该有条件成为成功的家长。

认认真真地检查一下与孩子的交流方式，踏踏实实地研究一下你的儿子，相信你会找到一个好办法的。

代问你的妻子好，替我亲一下你的儿子！

再见！

王欣

2000 年 1 月

52 不能随便看她的日记

牵牵的妈妈：

　　您好！

　　上午接到您的电话以后，我就去找了牵牵，她的情绪平静了，现在正在教室里上课，您不必太操心。

　　在安慰好孩子以后，我想和您谈一谈关于小学生的日记家长能不能随便翻看的问题。

　　在您的眼里，牵牵是您的女儿，只有十一岁，吃喝拉撒全靠您，您对她拥有绝对的监护权，看一看她的日记有什么了不起！支持您这种观点的家长人数相当多。

　　但是，这件事情并没有大家想得那么简单，下面，我想和您谈一谈我的看法。

根据我和学生的接触了解，现在四年级以上的孩子中，有大多数同学已经开始有了一种不愿意把自己内心的"秘密"与别人交流的倾向，这其中以女生占多数。

她们喜欢把自己观察到的一些发生在学校或者家里的事情，以及自己对这些事情的看法写在日记里（这种日记，可不是每周交给老师批阅的那种），尽管她们所记的事情大多数都无关紧要，有些甚至不值得一提，所谓的看法也极其幼稚，但是，她们把这些视为自己的"秘密"，需要高度保护。也有极个别同学，在日记里表达了自己对异性的"爱慕"，那本日记就更是要严加看管。假如有人不经允许擅自翻阅，写日记的人就会以"侵犯隐私权"为由，不管你是谁，统统判你个"违法"。在这方面，她们倒是反应很灵敏，立刻用法律维护自己的权益，应该是没有错的。

很多家长在随便翻阅孩子日记的时候，就压根儿没有想到"隐私权"的事儿，以为孩子是自己生的，她还没有长大成人，她的一切家长都有"知情权"！岂不知孩子已经是一个独立的个体，她的权益是受法律保护的。所以，在这个问题上，许多家长和孩子产生激烈冲突，像您和牵牵的矛盾，还不算严重，在个别同学身上，甚至还发生了孩子离家出走的事情。

有个家长的做法值得推荐。她发现女儿有一本秘密日记，不但没有翻看，还在女儿过生日的时候，送她一本带锁的新日记本：

"孩子,这是妈妈的生日礼物,你已经长大了,把你认为的秘密锁起来吧!"

这位母亲也有写日记的习惯,她有时候故意把自己写的某篇日记打开和女儿一起阅读。有些是为了让女儿分享她的快乐,有些是把女儿当作倾诉的对象,有些是为了引导女儿认识人生……

母亲的信任,给了女儿极大的鼓舞,她也像妈妈一样,把自己写的日记给妈妈看。母女俩在交流中互相鼓舞,互相支持,共同提高。

这位母亲因势利导,扬长避短的做法值得我们学习。

我建议您在今天牵牵放学回来以后向她道歉,承认自己的做法欠妥当,取得她的原谅。这样,您才可以进一步走近她,进一步了解她,不要让这件事给她和您之间造成隔膜。

以后,在您与孩子的交流中,不能只关心她的身体她的学习,还要关心她和同学的关系,和老师的关系,以及她周围的环境。多和她聊一聊学校,聊一聊同学,要用平等的语气交谈,要让她觉得她是妈妈重要的交流对象,更要让她知道妈妈是值得信任的。

最后,我想送你一句话:尊重孩子也是尊重自己,尽管她是孩子,而且是你的孩子。

王欣

2001 年 9 月

53 把真相告诉她

佩茹：

您好！

感谢您的信任，将发生在家里的事情告诉了我，并且谈到有关雯雯的教育问题。可能是我们接触得比较多的缘故，我很同情您婚姻的不幸。结束一段痛苦是为了新生活的开始，我劝您不必过于悲伤，拿出勇气来重新站在新的起跑线上。

既然您和您的丈夫已经拿到了离婚证书，我还要表示自己的遗憾——我们班又多了一个生活在单亲家庭里的学生。

关于这件事情要不要告诉雯雯，我觉得，还是告诉她的好。

雯雯已经是一个小学六年级的学生了，由于社会的发展，这个年龄段的孩子远不是我们想象之中对什么事情都不懂的小孩子，她们对周围的事物特别敏感，观察能力很强，而且很愿意发表自己的见解。尤其是对自己的家庭，那更是倍加关注。因此，雯雯不会对自己的爸爸一直不露面无动于衷。如果您编一套假话暂时欺骗了她，有朝一日，真相大白，对她造成的伤害可就太大了。

　　既然您有和雯雯的爸爸分手的充分理由，为什么不能和孩子敞开一谈呢？这也许是因为您没有把她当成您的朋友，可以推心置腹。其实，今天的孩子希望被大人当作朋友的愿望特别强烈。雯雯又是一个女孩子，她和妈妈的沟通，远比和爸爸的沟通要容易得多！您完全可以把她当作一个倾诉的对象。

　　你们的分离，已经给雯雯造成了伤害，这时候，她如果还要蒙受欺骗，那真是雪上加霜。反过来说，失去一个丈夫，您已经经历了刻骨铭心的痛苦，如果再失去了女儿的信任，您也会倍受伤害的。

　　拿出自己的勇气来吧，直面客观现实，该发生的迟早要发生，早一天让孩子知道，比晚一天要好得多。至于她知道以后，将会发生些什么，我们目前还不好预料，但是，有一点可以肯定，有了您的推心置腹，她会觉得安慰了许多。

说到雯雯今后的教育问题，我认为无论您的内心多么痛苦，对孩子的教育也不可放松，尤其是对她的心理健康教育要抓紧。现在的孩子很脆弱，她们在遭受挫折以后很容易产生心理问题。您要努力给孩子创造幸福的成长环境——即使她的父亲没有在身边。至于学习方面的事，估计问题不大，因为雯雯是一个自觉性很强的孩子，我会努力地帮助她保持良好的状态。

再一次感谢您的信任！

但愿我的意见能给您一些有益的帮助。

王欣
2000年3月

54 让孩子感受平等

谭先生：

您好！

您来信向我讲述了您在处理与孩子的关系中的苦恼，我非常理解，在今天的家庭里，有您这种苦恼的家长不在少数。

我们不得不承认，今天的小孩子，受各种社会环境的影响，小小的脑瓜里，塞满了许许多多的奢望。类似"要求平等"这样的愿望，都算是很一般的了。我个人认为，在一个家庭里，该给孩子的"平等待遇"，不但要给，而且一定要给够。

就拿孩子在家里的地位来说吧，应该和家长是平等的，这个所谓平等，指的是家长一定要重视孩子的存在，在处理解决一些问题的时候，尤其是牵扯到孩子本人利益的时候，该让孩子知道的，要让孩子知道；该和孩子商量的，要和孩子商量。千万不要一切都是大人说了算。比如给孩子报名参加特长班学习的问题，就是一个与孩子密切相关的问题。有的家长，根本不问孩子的意见，不管孩子愿意与否，一口气给他报上三个班。孩子的周末全泡在学习班里了，连一点儿休息的时间也没有。有的孩子学习基础好，兴趣又比较广泛，还可以接受这种"加餐"，有的孩子连自己平时的学习任务都不能完成，怎么可以再接受这份"额外的营养"？再比如，有的孩子父母离异，始终不把真相讲给孩子，直到有一天孩子发现父亲已经和另外一个女人有了一个小弟弟的时候，他愤怒的程度是可以想象的。

这些家长，大多数是没有把孩子当作一个独立的个体，以为未成年的孩子就是自己的附属品，自己让他做什么，他就得做什么。这是一个很错误的认识。

再拿家长和孩子交流的方式来说吧，每个家长都应该有平等意识，遇事要和孩子心平气和地交谈，而不是用命令代替说服教育。在孩子向家长提出一些要求的时候，家长要经过冷静的思考，再回答孩子。合理的要求应该满足，不合理的要求应该给孩子讲清楚它的不合理之处，再拒绝他。而不是刚一听完就一挥手："去吧，这不可能！"采取断然拒绝的态度打发了之。

我曾经教过一个学生，平常在班上和同学的相处中，说话的态度特别不好，他甚至当着我的面就给妈妈发脾气。我问他为什么这样不尊重家长，他理直气壮地对我说："您看看我爸爸什么时候好好对我说过话？"一句话问得我哑口无言。可见，家长与孩子交流的方式，不但是一个牵扯到对孩子是否尊重的问题，更重要的是会对孩子与人沟通的方式带来严重的影响。

　　我也知道，今天的孩子向家长提出的许多所谓平等的要求很过分，就像您说的，您的女儿要求您每给她妈妈买一件衣服，就得给她也买一件衣服，而且价格还要相当，这就不合理。面对这些不合理的要求，我建议您不要压服，而要采取循循善诱的方法，晓之以理，动之以情，让她明白一个道理：大人有大人的生活，孩子有孩子的生活，所以，大人有大人的需要，孩子有孩子的需要。再说，大人消费的是自己的劳动所得，孩子消费的是大人的劳动成果，在这方面，他们就更不能和大人讲所谓的平等。另外，您还可以经常和她走出家门，让她多和同龄的孩子接触，看看别的同学在这些问题上是怎样处理的，尽量让她接受正面的影响。如果您方法得当的话，相信您的女儿会逐步有所转变的。

　　教育孩子的问题，是一个着急不得的问题，只要方法正确，结果一定会不错的。

王欣
2001 年 1 月

55 不要做自以为是的爸爸

许先生：

　　您好！

　　最近，为了了解我班同学与家长的关系，我向学生作了一项调查。调查题目是：在你的家里，你最崇拜谁？全班 48 名同学中，有一半以上的人崇拜的是自己的母亲。理由是母亲在家里最辛苦。少数同学崇拜父亲。还有少数同学填的是：谁也不崇拜！同学们的反映引起我的思考，于是，我进一步向同学们调查他们与父亲的关系。很多孩子对父亲最大的意见是：父亲是老正确，从来不认错。

　　你们的许力行这样写道：我的爸爸是一个行政事业单位的科

长，手下管着几十号人。爸爸在科里说一是一，在家里说啥是啥。说对了当然得听他的，说错了还得听他的，一句话，他从来就没有错！最气人的是有一次，他要出差，当时正是暑假期间，我和妈妈都放假，他非带我们一起去旅游不可。我和妈妈都不想去，理由是和爸爸一同出差的还有另外两个叔叔，大家在一起活动不方便。可是，爸爸根本不听我们的，他让人买好了飞机票，我们只好恭敬不如从命了。一路上，我和妈妈因为有生人同行，觉得很别扭，玩得一点也不开心。可是，爸爸完全是一副无所谓的样子，有说有笑。回来以后，我和妈妈给他提意见，他说出的话更气人："我花了钱让你们去旅游，还不领情，以后再也不带你们出去了……"我无法崇拜这样一个自以为是，从不认错的父亲！

　　和许力行持相同观点的孩子真不少。他们的话也许有些偏激，但是，我们不能不重视他们的感受。就像许力行不愿意与您单位的同事一起去旅游，那是他的一种心理感受。也许是因为他习惯生活在你们的"三人世界"里，也许是他怕耽误了您的工作，或者还有别的原因。总之，他肯定有自己反对的理由。您应该听一听他的意见，权衡一下利弊，再作决定，可能会好一点。

　　我觉得，在今天的家庭里，家长和孩子的关系不应该仅仅是一种父父子子的关系——我说什么，你就得听什么。孩子们也像大人一样，特别希望得到别人的尊重和理解。因此，比较有策略的办法是和孩子做朋友，平等交流，在交流中了解，在交流中引导。如果您有了这样的思想，您就不会遇事一个人拿主意，也就不会给孩子留下一个"自以为是，从不认错"的印象。

我们班有一个学生在调查中写道："我的父母我都崇拜，虽然他们不是伟人，也没有杰出的贡献。但是，他们对我很平等，我们简直就是'哥们'，无话不谈。我觉得我头上的天很蓝，脚下的地很绿，空气极其洁净！"这个孩子平常特别活泼开朗，他思想很单纯，兴趣很广泛，学习也很用功，由于没有压力，显得轻松自如。在这样的环境中长大的孩子，走上社会以后，一般容易与人沟通，有较强的亲和力。

为了您的许力行，您应该检讨一下自己与孩子交流的方式，力争改变您在孩子心目中的形象，我觉得这很重要。

您想一想我说的有没有道理！

祝好！

再见！

王欣
2001 年 4 月

56 换一种表达爱的方式

小梁：

　　您好！

　　在您家做客两天，回来就给您写封信，一定让您困惑。请您原谅，这是我的职业病——看到小孩子就想到教育问题，有了想法就急于与人交流。

　　我要给您说的是您需要换一种与儿子交流的方法，换一种表达爱的方式。我在您家里做客的那一天是星期一。早上，您临上班前几分钟，发生了一件事。您上小学的儿子要在深秋的早晨穿短袖的校服去上学，理由是学校要求周一学生必须统一穿校服，他没有长袖的，只能还穿短袖的。您的妻子在给孩子讲不能穿短袖校服的道理，孩子想不通。您大吼一声："大冷的天你要穿短袖是找死啊？"孩子哭了，说是老师要求的，您接了一句："你就不穿，看老师能把你怎么样，他们也不是神经病！"看着孩子可怜的样子，我真为今天的孩子悲哀：他们把老师的话简直当成了"圣旨"，大冷天也要穿上短袖参加升国旗仪式；您儿子更让人同情，不但师命不敢违，还遇上了您这么一个不分青红皂白就大喊大叫的爸爸……您走了以后，您的儿子抹着眼泪把短袖的校服套在毛衣的外面，再罩上一件外套去上学了。他的心里一定想的是，校服我总算是穿在了身上，老师总不会批评我了吧！短短的一幕家庭生活剧，让我这个做了一辈子老师的人想了又想，我一眼就能看出来您非常疼爱儿子，怕他受凉。您的妻子也一再向我解释您对孩子的心很重。但是，您表达爱的方式实在不敢恭维，因为您的大吼大叫不光让孩子心惊胆颤，就连我这个客人也觉得畏惧三分。真不知道您发脾气的时候有没有想过这种方式是否会达到您预期的效果。

晚上，我有意和您的儿子接触了一下，发现他特别可爱，别看他的个子长得挺高，但他很天真。他的学习还很不错，成绩应该是没有问题的。孩子说妈妈对他比较理解，经常给他讲道理。他打心眼里怕您，说您从来就没有表扬过他。孩子的话，更坚定了我给您写信的决心，因为我实在不忍心看到因为家长坚持错误的教育方法而耽误了一个原本可以很成功的孩子。

我给您提几个问题请您思考一下。

一、您对孩子付出了多少耐心？说服教育了他多少回？

二、在您的大声责骂中孩子改正了多少错误？

三、您希望您的儿子继承您的作风将来也这样教育他的孩子吗？

如果您静心想一下这三个问题，您就会觉得完全没有必要对着孩子大吼大叫了。再说，即使是中国传统的"严父"，也不是像您这样经常大声训斥，从来也不夸奖孩子。我还听孩子说，您对外面的人都很和气，唯独对他这样严厉。这我就更不明白了，难道外人比您的儿子还和您亲近吗？有句话我还想告诉您，每一个孩子的内心都是脆弱而敏感的，他们无法承受太多，您既然给了孩子生的权利，也请给他幸福和快乐的权利。我劝您赶快调整一下自己的情绪，给孩子树立一个有耐心、有涵养、慈祥温和的父亲形象，用一种能被孩子接受的方式和儿子交流，相信他一定会用许多意想不到的惊喜来回报您。

　　向您推荐一本《中国少年报》上的"知心姐姐"卢勤同志写的书，书名是《告诉孩子，你真棒》。这本书会教给您许多教育孩子的方法，会帮助您认识到您的做法对孩子成长有多么大的危害，但愿您能从中受益。

　　大概是因为我们的关系非同一般，所以我的心更急切，有些话说得可能重了些，请您见谅。

王欣

2003 年 10 月

57 创造民主的家庭氛围

牛茵茵的妈妈：

　　您好！

　　最近，因为组建市少年宫组织的"同在一片蓝天下"代表队的事情我到您家里去了几趟，希望您的女儿牛茵茵能参加代表队。在我们交换意见的过程中，我发现您对孩子不够民主，有关孩子的事情是您和茵茵的爸爸说了算，茵茵没有发表意见的权利，这可是不太好。

　　关于茵茵参加还是不参加代表队的事情，我认为茵茵是主角，首先应该听一下孩子的意见，然后才是我们大人帮助她进行分析，最后决定去还是不去。可是，你们根本没有听孩子的意见就决定她不参加代表队："我们茵茵不去参加这个活动。马上就要考中学了，一个星期都不上课，那怎么能行呢？"茵茵听见了我们的谈话，她从里屋走出来央求你们说："爸爸妈妈，让我去吧！我参加完活动回来，一定加油补上落下的功课，保证考上中学………""回里屋学习去，大人说话插什么嘴，没有规矩！"您拉下脸来训斥道。看着小茵茵怯怯地退回到里屋去了，我的心里觉得很不是味道。

关于孩子参加这次活动可以得到的锻炼以及增长的知识，我不想再重复了，我想给您说的是您的这种不给孩子说话机会，大人主宰一切的做法是一种比较落后的教育方法。它既挫伤了孩子的自尊心，又容易养成孩子遇事不动脑筋，没有主见，唯唯诺诺的习惯，它与今天倡导的培养学生创新精神和实践能力是背道而驰的。

实践证明，民主的家庭氛围有利于孩子的成长。

十一二岁的孩子，对身边的世界充满了好奇和渴望，他们有很强的表现欲。家里无论发生了什么事情，他们都很想"掺和"。有的家长很重视孩子的参与意识，重视让孩子参加家庭活动的讨论，在处理一些家庭问题时注意征求孩子们的意见。在这样民主、融洽的家庭氛围里长大的孩子，一般都有较强的观察问题和解决问题的能力，而且他们长大以后，比较容易与人沟通。我遇到过两位家长，他们认为孩子是家庭里的三分之一，应该了解家里的事情。他们甚至把家里买房子借贷款的情况也如数讲给上五年级的儿子听，他们和儿子一起做了一个还款计划。儿子很懂事，自从家里买房以后就很少要零花钱，他每月都提醒爸爸妈妈按时到银行交贷款，并且安慰妈妈不要为贷款的事情操心，说他长大工作以后就可以帮助爸爸妈妈还贷款了。这位同学的妈妈很有感触地对我说："我没有想到儿子这样懂道理，他比我们想象的要成熟得多，我们平时对孩子的估计太低了。"这个例子可以说明一点，受到家长尊重的孩子更重视自己在家庭里的地位，因而会更严格地要求自己。

您的女儿已经上六年级了，对于像参加代表队的这件事情，她应该能够作出正确的判断了。您的确应该听一听她的想法，即使您有道理拒绝她的要求，也应该是晓之以理，动之以情的。家长对孩子的态度，会直接影响孩子的情绪，也会影响孩子将来为人处事的方法，您千万不可小看这件事情。

着实出于对孩子成长的关心才写了这封信，有不妥当的地方欢迎交换意见！

王欣

2000 年 11 月

第六篇　你帮他从挫折中站起来

58 让孩子走出疾病的阴影

萧军的妈妈：

  您好！

  首先请代我和全班同学问萧军好，说我们大家都很关心他，祝他早日恢复健康。

  我知道萧军的病很严重，这种病需要忍受极大的痛苦，这对于一个十岁的孩子来说，是很残忍的。每想起这一点，我们心里都很难过。我们无法减轻孩子身体的痛苦，但希望给他一些精神支持，帮助他树立起战胜疾病的信心。

  上次探望萧军的时候，我看到您和萧军的爸爸身心交瘁的样子，心里很不安。我想写信告诉您，在孩子生死攸关的时候，咱们大人应该极力克制自己的痛苦，用你们的坚强给孩子撑起一片蓝天，让阳光驱散疾病的阴影。否则，孩子一旦丧失了战胜疾病的信心，不能配合治疗，那疗效可就差远了。

我建议您，除了每天照顾孩子吃药打针以外，要利用一切机会和孩子谈心，给他讲眼前遇到的困难不是翻不过去的火焰山，现代医学这样发达，治好他的病完全有把握。要给他讲张海迪和那些在困难面前坚强不屈的人物故事，鼓励他以英雄为榜样，拿出勇气来，和疾病作斗争。目前的萧军，身体需要关怀，心灵更需要滋润。孩子有了一颗坚强的心，就能勇敢面对困难了。

前一段时间，中央电视台教育频道曾经播出了一个节目，介绍的是沈阳有个"当家女孩儿"，她叫诗萌，从她7岁上学开始，她的父亲患上了尿毒症，母亲疯掉了，她独自撑起了一个困难重重的家，五年时间里，她到处为父亲筹钱换肾。后来，她也得了很严重的病，解放军463医院为她父女提供免费治疗。这个小姑娘在病中，想的不是自己，而是想到如何延长父亲的生命，所以，她恢复得很快。诗萌的故事打动了多少人的心。我们的萧军，比起她来要幸福得多了。您可以把这个故事讲给他听。

另外，我还要提醒您，不要过多地和他谈他的病，把病谈得多了，就会形成一种心理暗示，孩子会觉得自己是一个病人，他的脑海里会经常想到病，想到治疗，甚至于想到死亡……前几天我去看萧军，他就给我说过他还不想死，因为他舍不得爸爸妈妈和同学老师！我当时就纠正了他的话"谁说你要死了，你只不过是得了一个比较麻烦的病，大夫都说过了，治好你的病是没有问题的！接着我就和萧军聊起了发生在我们班的许多有趣的事情，他昏涩的眼光立刻明亮了，兴致勃勃地和我谈了半个小时。所以，您要把他当作正常的孩子和他交流，转移他对疾病的注意力。如果他的身体允许，可以带他在阳光下散步，和他一起读书，和他做游戏等，都有利于他的身体恢复。如果有小朋友们常来看他，对他也极有益处。

人生一世，不知道要经历多少磨难。目前，萧军的病痛，既是他的难关，也是您和他爸爸的难关。你们夫妻俩要咬紧牙，相互支持，互相鼓励，坚持与疾病作斗争。我相信，您一定会把萧军从死神的手里夺过来的。

如果需要我的帮助，请您不要客气。多么希望萧军早日重返校园！但愿孩子早日恢复健康！

王欣

2004年9月

59 让他记住被"取消资格"

卢耀华的爸爸妈妈：

你们好！

经历了一个星期的波折，卢耀华终于平安返家，咱们悬着的一颗心总算可以放下了。当我们从紧张、恐惧中走出来以后，应该回头想一想卢耀华这次出走的原因，总结教训引以为戒。

不可否认，卢耀华一直是我们班的骄傲。他的语文、数学、音乐、体育等科的成绩在班上一直领先，受到老师和同学的一致赞扬。也可能是他太顺利了，所以经不起一次小小的挫折。在学校召开的秋季田径运动会上，卢耀华参加400米接力赛，他跑第一棒。由于心情紧张，一连三次起跑犯规，发令老师按规定取消他的比赛资格。出乎我们大家的意料，卢耀华离开跑道以后就再也没有回到班里，也没有回到家里，他竟然为了这件事情离家出走了。

这件事让我联想到当前有不少小学生，尤其是有些平常学得好的学生，只愿意听表扬，不想听批评。一有老师指出错误，低年级的就哭个不停，高年级的还学会了闹情绪。像卢耀华这样干脆离家出走的在别的班也发生过。我们的孩子承受挫折的能力如此之差，将来怎样接受生活的严峻考验？此情此景怎能不让人忧心忡忡！

我觉得，孩子们的脆弱和家庭教育一定有关系。就拿卢耀华来说吧，他的爷爷、奶奶、姥爷、姥姥，加上你们夫妻二人，共六位亲人把他都捧若至宝，他在家里的地位至高无上，所以平常也没有人敢违背他的意志。加上他的学习成绩好，更是身价倍增，他哪里听得进去批评？哪里接受得了被"取消资格"？一气之下面子放不下来，也在情理之中了。然而，这件事不能不引起我们的重视。为了孩子的将来，我们很有必要探讨一下原有的教育方法。

每个人一生中都会经历挫折。把这句话一定要告诉给孩子。生过病，就会更加珍惜健康，离过家，就会更加珍惜团聚。有一首歌里说得好，"不经历风雨怎么见彩虹"？可见每一次挫折，都会让人有所觉悟，有所收获。正如已故的毛泽东主席说过的："错误和挫折教训了我们，使我们比较地聪明起来了。"我们要教育孩子正确对待自己的错误，要正确听取别人的批评，不断总结教训，不断进步，不断成长。

卢耀华刚刚回到家里，要给他一段时间平静心情，等到他恢复过来以后，我也会和他交流沟通的。相信他经过几天的颠沛流离，也算是对社会有了一点儿了解，这短暂的经历，说不定对他提高认识会有所帮助的。那才算是坏事变好事了！

就说到这里吧，欢迎以后多联系。

祝你们身体健康！

王欣
2002 年 12 月

60 "三好生"不只是属于她一个人

余女士：

　　您好！

　　您的来信我读了好几遍，觉得您信中的有些观点值得商榷，所以给您写封回信，谈一谈我对高余梅子"三好"落选这件事的看法。

　　我们先说评选三好学生的目的。为了教育广大学生学习好，身体好，工作好，每年的"六一"前夕，学校都要在学生中评选一批三好学生进行表彰。这项活动的开展已经有近50年的历史了。它在学生中有着广泛的影响，为了争当三好生，同学们严格要求自己，努力上进，它对于提高学生学习的自觉性，锻炼身体的自觉性，主动团结同学的自觉性等都有着积极的意义。当然，随着时代的发展，对于今天的小学生来说，仅仅要求"三好"肯定是不够，但是，在新的条件还没有出台之前，我们不能说今天评选三好学生就是一件"劳民伤财的事情"。

高余梅子是一个积极求上进的好孩子。她学习成绩一直不错，也很注意团结同学。她在上四、五年级的时候连续两年都是我们班上的三好学生。今年，她们面临小学毕业，也可能是"三好学生"的称号对于孩子们来说显得更重要一些，所以竞争得特别激烈。高余梅子因为身体的原因落选了，这对于她来说，应该是可以接受的。这里面不存在什么"不公平"的问题。高余梅子的落选，对孩子来说无疑是一件遗憾的事情，我和其他任课老师也觉得有些遗憾，大家都希望她积极锻炼身体，增强体质，为将来走向社会服务祖国打下物质基础。

面对孩子的一次小小的挫折，您的态度很重要。如果您以很豁达的口气说："没有什么，你这一次没有当上三好学生，人家多少同学从来也没有当上过，那该怎样难过呀！咱把身体锻炼好，下一次一定会有机会的。"孩子肯定会觉得这不算什么大的失败，她还很有希望，她会擦干眼泪，振作精神，继续努力的。我从您写给我的信里读到了您的不满。您觉得仅仅因为高余梅子这一年生了病，身体不好就不选她做三好学生是不公平的。您一定是在孩子的面前流露出了自己的情绪，这不是火上浇油吗？这还不是最重要的，最重要的是您要对孩子进行挫折教育。高余梅子才小学毕业，她今后要走的路还很长很长，要经历的困难和挫折还很多很多。一次没有被评为三好生都不能正确对待，将来要是遇到更大的挫折该怎么办？现在的小学生大多数都比较脆弱，因为她们生活太幸福，经历的挫折太少。高余梅子的这次落选，其实是一份很好的挫折教育材料，可惜您没有抓住。

  我建议您，先调整好自己的心态，平心静气地想一想孩子当"三好学生"重要还是健全的心理品质重要？想明白了这个问题再给孩子做工作就容易了。实际上，小孩子比我们大人的思想要单纯得多，只要方法得当，纠正起来很容易。

  我会在学校里给高余梅子做工作的，加上您的配合，她的情绪会很快转变的，我有信心。

  如果您觉得我的意见有什么不妥之处，欢迎继续讨论。

  祝好！

王欣
2003 年 7 月

61 您应该为她骄傲

曹文娟的奶奶：

您好！

我是文娟的班主任王老师，我给您写信的原因是要给您报喜，您的孙女儿曹文娟被学校评为市级优秀少年，不久以后，她的名字会出现在报纸上、杂志上，说不定还要上电视呢，全市的小学生都要向她学习的。您听了这个消息，一定会很开心的。

我知道您的家境。两年前，文娟的父母因为触犯法律，双方同时被判刑入狱，留下了文娟姐弟俩。听文娟讲她们姐弟本来是可以住进"儿童村"的，但是，您不同意，您主动要求把孩子们留下和您一起生活。文娟每每提到这件事，就忍不住的激动，她说您的决定像一束阳光一下子把她的心头照亮了，她还说您快 80 岁了，都不怕困难，她一个十几岁的少年害怕什么，她决心和您一起把弟弟带大。您面对困难不低头的榜样力量真是太伟大了！

在您的鼓励下，文娟几乎没有因为父母的原因在人前表现出自卑，表现出低人三分。她像所有的孩子一样，上学，听讲，完成作业。像所有的孩子一样，和小朋友一起游戏、玩耍。如果说有什么不同的地方，那就是她脸上的表情过早地显出几分成熟。她严格要求自己和弟弟遵守学校的一切规章制度，她说这是"守法"的表现，她的父母就是因为不守法才被迫和她姐弟分离的，她不希望父母的悲剧在她和弟弟身上重演。当她把自己内心的秘密讲给全校同学和老师的时候，在场的许多人听得热泪涌流。曹文娟没有被挫折压垮，相反的，她把父母的犯罪事实当作反面教材，铭记在心。一个 12 岁的孩子，竟然能这样深刻地理解生活，真是让人不可思议！

因为您没有工作，你们祖孙三人的生活就靠社会救济。每月 300 元的救济金实在是入不敷出。曹文娟很懂得日子艰难，从来也没有看见她像别的孩子一样吃零食、穿新衣服。她在日记里这样写到：我们家的条件不能跟同学们比，我觉得只要每天我和弟弟回到家里，奶奶能给我们做好普通的饭菜就心满意足了。我最担心的是有一天我们会断炊的，到了那时候，年迈的奶奶和年幼的弟弟可怎么办啊！读了这段日记，我就明白了在曹文娟的心里，什么才是最重要的。为了节省开支，曹文娟在最近的两年里没有参加一次学校组织的收费活动，尽管每一次同学和老师都盛情邀请，而且有人愿意给她垫付费用，可她婉言谢绝了大家的帮助，说她要利用不上学的机会帮助奶奶打扫屋子做家务，她已经学会了科学利用时间。

　　也许是家庭环境的影响，曹文娟特别热心帮助别人。无论哪个同学有了困难，她总是第一个伸出双手。有的同学在课间活动时扭伤了脚，她把同学送到了校医面前。有的同学在上课的时候呕吐了，大家都嫌脏离得远远的，曹文娟赶快拿起笤帚、水盆，清扫污物。她在校外主动帮助迷路的小孩找到了家，孩子的家长把感谢信送到了学校里。在她的带动下，我们班同学个个热心助人，人人团结友爱。我们班被评为"三好"集体，受到学校的表彰。

　　有人说，磨难也是一笔财富。在我看来曹文娟就是把生活的磨难当作一笔财富来利用，她从中获益匪浅。相信她的这一段经历，会对于她今后的成长起到相当重要的作用。

　　应该向您表示祝贺，祝贺您有一个很棒很棒的孙女。

　　祝您健康、长寿！

王欣
1999 年 6 月

62 和孩子一起从悲痛中站起来

姜舒秀的妈妈：

您好！

您的来信我收到了，您告诉我的事情让我很吃惊。在这里，我要向您表达我沉痛的心情，请您节哀，注意身体！

最近我已经觉察出来姜舒秀的情绪不太稳定，一向活泼开朗的她眼圈经常是红红的，上课的时候有些心不在焉。我找她谈了一次话，她没有告诉我事情的真相，噙着眼泪说她很累，我劝她多注意休息，也再没有追究。原来是她的爸爸在寒假里出了车祸去世了。这是一件很不幸的事情，它肯定会对孩子的身体和学习带来影响。我希望您和姜舒秀一起从悲痛中走出来。

要孩子一下子忘记自己亲爱的爸爸不是一件容易的事情，所以我觉得您要采取的那种重新装修房子，把丈夫的相片、日常生活用品等统统藏起来的办法不可取。爸爸的人不见了，他用过的东西也不见了，他住过的房子也不一样了，孩子会因为家里的突然变化而很不适应，她的心会痛得更厉害。与其这样，不如您不要重新装修房子，一切还照原来的样子，让孩子慢慢适应爸爸不回家，让她在和照片的对话中，在和爸爸用过的东西的交流中慢慢淡化对爸爸的思念。

痛失亲人是一件很难让人接受的事情，尤其是在孩子年龄很小的时候，在她正需要父亲照顾的时候发生这样的事情更显得残酷。然而，这件事又是无法挽回的，生难分，死好别，说的就是这个道理。您要从悲痛中站起来，强迫自己恢复正常的工作和生活。只有这样才能给孩子树立一个榜样，用行动告诉她，我们必须面对现实，安排今后没有爸爸帮助的生活。

爸爸突然离去了，家里家外许多本来靠他做的事情没有人做了，这也会打击孩子的情绪。您要想尽办法避开这些事情，比如原来一家人经常开车出去郊游，现在就用到亲戚家、朋友家玩来替代，也可以邀请朋友到家里来玩，要尽量找那些孩子喜欢的事情吸引她的注意，分散她对爸爸的思念。您在平时和孩子的交流中可以把自己对丈夫的思念表达出来，这种表达也许会给孩子另一种提示：妈妈这样想念爸爸，我如果一直伤心不止妈妈会更难过的！为了您，孩子也可能会变得坚强一些的。

姜舒秀今年读五年级，她是一个很有悟性的孩子，有些人生的道理您可以讲给她听。告诉她天有不测风云，人有旦夕祸福。每个人都可能遭遇不幸，意志坚强的人在不幸面前傲然挺立，她会把这不幸变作人生的一份宝贵财富，几经磨砺，艰难玉成；意志薄弱的人会倒在不幸面前，从此一蹶不振。告诉孩子，虽然她没有了爸爸，她还有您，您会用母爱温暖她，抚慰她，呵护她。她还有老师、同学，我们都是她的好朋友，都会伸出手拉着她走向前进。鼓励她告别痛苦勇敢地站起来，用她的成长告慰父亲的在天之灵。

我知道了这件事情，会在学校里用我最大的努力去关心姜舒秀的，孩子学习上的事情，您就不要太操心了。如果您还有什么需要我做的就讲出来，我会尽力的。请您相信，我一定是你们母女可以信赖的好朋友。

祝您早日恢复健康！

王欣

2002年5月

63 给她如愿以偿的希望

郑女士：

您好！

我从报纸上读到了关于我省音院附中招生考试舞弊案的报道，才知道高悦考试失利的真正原因。在此以前我一直不明白，高悦的二胡拉得那么好，多少次在少儿民乐大赛中获得金奖，怎么正经考试的时候竟然连前 30 名都没有进呢？现在我知道了，原来考试是有内幕的！这些所谓的考官，不过是一些黑白颠倒，天良泯灭的腐败分子，像高悦这样来自平民家庭，投师普通教师的孩子当然没有金钱可以用来铺路，没有权势可以替她打招呼，自然就被打入"另册"了！面对如此情景我们只能喟叹：风气太坏，太坏！

高悦从参加完二胡考试以后回到班里就埋头复习功课，准备参加小学毕业考试。我经常看到她读书的时候用牙咬着下嘴唇，扑闪着一双大眼睛，似乎在和谁默默地较着劲儿呢，孩子的心里一定汹涌着起伏的波澜。所以，我们得想办法平静她的情绪，帮助她正确面对人生的一次小失败。

我知道，在孩子们的特长培养中，音乐是花费最高的一门学科。你们家为了培养高悦，一家人省吃俭用，五年来花了好几万元钱。如今她没有被录取，您还得再花钱。这不光是大人的心病，孩子心里肯定也不舒服。因为她以前就给我讲过，只要她被音院附中录取了，就给你们家里省钱了。现在她没有被录取，也就是说，这笔钱省不下，您还得继续投资。我建议您不要在孩子面前提钱的事情，告诉她，只要她愿意继续拉二胡，家里就愿意继续供她学习。要用你们轻松的表情减轻她在这一方面的心理压力。

关于考试中的不正之风问题，估计高悦也会知道，我们不妨利用这件事给孩子上一次社会知识课，教育她认识社会的复杂性——在阳光下，不光有鲜花，也有毒草。社会最终会将鲜花献给勤劳勇敢的人，绝不能允许毒草泛滥，让它危害人民。不仅如此，我们还要给高悦上的一课是人生哲理课。胜败乃兵家常事，这是最口边的话，何况这次考试失败还不是孩子的责任，相信她明年一定会如愿以偿地接到音院附中的录取通知书的。要紧的是，她得一如既往地刻苦努力，不然的话，当幸运之神站在她的面前时，她又会因为技不如人而被淘汰，那才是最遗憾的了。

　　当然，我们为高悦设计的这两门功课，不是用生硬的说教就能被她接受的，我们得在与她的交流与沟通中，用润物无声的方法慢慢渗透。高悦是一个很聪明，很有灵气的孩子。她会明白这些道理的，她不会让我们失望的。

　　我一直认为，音乐是最纯洁的艺术，现在有些人把这最纯洁的艺术也搞得污秽不堪了。我真是担心，这污秽会污染了演奏家纯洁的心，那么，他们怎么去感受生活，他们的演奏怎么会有强大的感染力？想一想真是可怕！没有别的办法，我们只有期待着政府的作为，期待政府用法律来规范所有的比赛，用法律来维护考生的合法权益。那时候，音乐的殿堂就可能恢复它的神圣和纯洁。

　　最后，我想请您转告高悦，生活中笼罩在我们头上的光环和沮丧就像颜色不一的气泡，无论多么好看或难看，总有一天它会破灭。与其盯着不开心的东西，不如活动自己的手脚，舒展自己的笑脸，实实在在地为理想而追求，这时候，光环会变虚，我们的心灵却因为不懈的追求和微笑慢慢地充实起来。

　　就说这些吧，但愿我们的高悦早日恢复往常的快乐和自信。

王欣

2003 年 6 月

64 "落选"并不一定是坏事

朗天的妈妈:

您好!

您告诉我的事,我昨天已经看出来了,只是她当时的反应还没有回家以后那么强烈。

在整个选举过程中,朗天的神色很庄重,她咬着嘴唇,眼睛盯着黑板上的"候选人"名单,听同学在唱票。当选举结果出来,朗天落选成了定局的时候,我看到她眼里已经盈上了泪水,为掩饰情绪,她装作收拾书包,低下了头……我心里也有些不好受,本想留下她谈谈,但是,没有找到朗天。

朗天无疑是一个非常要强的孩子。她的学习成绩一直在班上遥遥领先，所以，自信、上进已经成了朗天的习惯。只要有一次考试的成绩落后于别的同学，她就会有几天不开心，并且在下次考试的时候一定超过那个同学；她是班长，三个班委都听她的话，一个小小的班委会被她带得有模有样；她的个头虽然不算高，可是每一次学校召开体育运动会，她都要报满三项，并且会为班级争得荣誉。朗天以她出色的表现，一直在同学中享有较高的威信。也许是大家都太看重她的缘故，所以朗天有些骄傲了。

　　首先是她对同学的态度不够好，经常以一种命令的口气指挥同学："叫你呢，耳朵有毛病吗？"这是她常说的一句话。其次是她太看重分数，只要与分数有关的事情，她坚决不让。有一次，因为她的一篇作文分数比别人低了一分，她就气狠狠地对那个同学说："咱走着瞧！"是好胜心拖着她与同学的距离越来越远。

　　这个学期的班干部改选结果很出乎我们的意料，朗天的票数竟然没有超过三分之一。这对她来说，当然是很难接受的了。

　　我们应该想办法帮助她面对这小小的挫折。

　　您先不要和她谈落选的事情，让她一个人冷静地想一想。在最近的一段日子里，尽可能地分散她的注意力，比如，给她买一点她很想要的东西呀，带她出去走一走、玩一玩呀等。过一段时间，先用旁敲侧击的办法开导她，讲一讲别人的例子，在她有所觉悟的时候，再把这次落选的事情提出来。我相信，您会有办法教育她正确对待挫折和失败的。

我在学校里会配合您教育她。我找好了几篇文章准备推荐给她，这些文章讲的都是一些成功人士如何面对失败的故事。启发她不必将一次小小的失利看得那样重，鼓励她从自身找原因，改正缺点，争取新的进步。我还打算和她好好聊一聊，帮助她分析造成这次失利的原因，教给她一些如何和同学相处的方法。告诉她，一个能成大器的人，绝不能仅仅盯住一时一事不放，她必须是一个心胸开朗的，善于团结别人共同进步的人。我有信心，朗天会明白我们的用心，经过这件事的磨练，她会长大许多的。

最后，我还想说的是，对于朗天的这次落选，坏事里有好事。尽管以前我们班委会开会的时候，也有同学给她提过意见，但她很不以为然。我也曾经多次指出她对待同学的态度不够好，她嘴上说是要注意，实际上还是原样没有变。假如没有这一次的打击，她会带着这个毛病走得更远。这样想来，落选对于朗天来说，何尝不是一件好事呢？在一个孩子成长的过程中，磨炼是最好的过滤器，经历磨炼越多的人，成长的速度就越快。这是被几代人反复证明了的真理。

　　您不用太操心，朗天会变得成熟起来的。我相信她在以后的日子里几经风雨，心胸会变得像她的名字一样，万里无云，一片晴朗。

　　祝好！

王欣
1998 年 6 月

第七篇　你给他一个温暖的「巢」

65 无法割断的思念

楚女士：

您好！

我是您女儿楚奇扬的班主任王老师，有一件事情我想跟您谈一谈。

最近，区上举行了一次作文比赛，楚奇扬的一篇作文《我的爸爸》获得了一等奖，她给学校争得了很大的荣誉。星期一早晨，在全校的晨会上校长给楚奇扬发了奖状，全校师生都热烈鼓掌向她表示祝贺。出人意料的是，楚奇扬接到奖状的时候，哭得像泪人一样，她将奖状接到手里转身就跑回了教室，趴在桌子上不住地抽泣。她反常的表现，让同学和老师都很吃惊。中午休息的时候我在宿舍里找到了楚奇扬。她虽然没有像早晨那样伤心，但还是一副郁郁寡欢的样子。我把她叫到了老师休息室里，孩子让我看了她写的作文。

文章的开头是这样写的：一般的孩子都跟爸爸姓，可我没有，我和妈妈一个姓。这并不是因为我没有爸爸，而是因为我爸爸是一个乡下人。

接着，楚奇扬讲述了她和爸爸分离的原因以及她爸爸悲惨的遭遇。文章写得深情、细腻，字里行间布满了她对爸爸的无限思念，无论是谁读了这篇文章都会被孩子的那一颗忧伤的心所感动。难怪评委们给了她那么高的评价。

从楚奇扬写的文章中看，您并不完全了解孩子心灵深处的伤痛，您只是按照您的需要安排了孩子的归属，她表面服从了您的安排，离开了身患重病的爸爸，随您进了城，改了姓。但是，她内心里时刻都在想念她的爸爸，担心爸爸的身体。她说她经常梦见爸爸躺在床上痛苦地呻吟，周围全是又黑又大的蚊子飞来飞去……

人们常说，每一个家庭都有它与众不同的故事。您作出当前这样的决定自有您的一番道理。如果孩子认同了您的决定，你们母女也许会生活得很平静。现在的问题是楚奇扬在内心深处并没有像您想的那样"把那个乡下佬忘了"，她对爸爸的感情很深，这浓浓的亲情恐怕是任何人所不能隔开的。您没有正视孩子的感情，坚持按您的意见安排了她的命运，已经对孩子的心灵造成了伤害。这种伤害如果不能终止的话，不仅会影响她的学习，更重要的是会影响她的健康（主要是心理健康）。那种结果，可是我们谁都不愿意看到的。

楚奇扬在作文里能把她爸爸的事写得这样细致深刻，想来她平时的言谈中肯定也会有所流露。我不知道您是如何开导她的？我建议您和孩子平等地坐下来谈一谈，听一听她的倾诉，说一说您的想法，也许，你们会找到一个解决的好办法。总之，您不能把她当作一个不懂事的小孩子，更不能用压制的办法解决问题。要尊重孩子的权利，要尊重孩子的选择，这也是法律所要求的。

我知道，您和丈夫的分离，已经给您的生活投上了一道阴影，现在女儿就是您的一切。我衷心地希望您能与女儿互相安慰，互相支持，让你们母女尽快地摆脱痛苦，开始新的生活。

但愿我能给你们一些帮助。

祝您健康、幸福！

王欣

2003 年 10 月

66 都是您的孩子

董师傅：

您好！

读了您的来信我很感动。您虽然不是薛宜彤的亲生父亲，但是您对孩子的关心和爱护不亚于任何至亲，作为孩子的班主任老师，我从心里为薛宜彤感到高兴。

我知道薛宜彤的爸爸是前年在一场意外的火灾中为了抢救国家财产而英勇牺牲的。两年来，薛宜彤和她的妈妈一直沉浸在悲痛之中。自从您走进她们家以后的这半年中，薛宜彤的脸上才露出了久别的笑容，这让大家都很高兴。

您来信询问薛宜彤在学校的表现，我告诉您她很好。她是一个难得的懂事的孩子。爸爸的牺牲让孩子受到很大的打击，但是，她很快地克制住了自己的悲痛。她在日记里写到：我不能一直这样伤心下去了，我已经没有了爸爸，我得为妈妈着想，我不能让妈妈因为我的难过而更加悲痛，这样会伤害她身体的。薛宜彤因为爸爸的事情耽误了一段时间的学习，在处理完爸爸的后事返回学校以后，她用自己全身心的投入把前面缺席的功课都补了回来。期末考试，她的成绩还是一如既往的优秀。在您走进她们母女生活以后，我曾经和薛宜彤聊过一次，问他对您的感觉如何，孩子说："虽然我把他叫叔叔，但是，我觉得他和我的爸爸没有什么区别，因为他像爸爸一样地爱我和妈妈。我现在叫他'董叔叔'是因为不习惯，以后我会叫他'爸爸'的。"她的话里充满了对您的信任和赞扬。

从您的来信中，我知道了您目前遇到了一个困难。

您有一个儿子，他很小就没有了妈妈，是他的奶奶一直带着他。最近，疼爱他的奶奶去世了，在农村，孩子成了一个无依无靠的孤儿。您说得很对，无论从哪个角度讲，您都得把儿子带在身边。薛宜彤的妈妈能够很爽快地答应这件事，您算是已经解决了一个重要的难题。现在的问题是，您如何将这件事情告诉给薛宜彤。我想，如果您和她的妈妈像两位老朋友一样将您儿子的不幸遭遇告诉给她，征求她的意见，她可能是会产生同情心的。同情心往往是接受对方的基础，您先要把这个基础打好。在这个问题上，最忌讳的是大人不和孩子打招呼我行我素，强迫孩子接受既成事实，造成感情破裂难以挽回。我相信您会采取正确的方法将您的儿子介绍给薛宜彤的。根据我的观察，薛宜彤不仅懂事，还是一个很善良的女孩儿，她不会拒绝接受一个和她有着相同命运的孩子的。

  当然，您的儿子来了以后，您更要注意处理好家庭关系。生活在这样家庭里的孩子都很敏感，两个孩子都会瞪着一双大眼睛观察您和妻子的关系。只要你们同心同德，不分彼此，孩子们也会团结一致的。其次，您应该还像从前一样关心薛宜彤，甚至比过去还要更尽心一些。遇事要先考虑到她，她是女孩子，受到的照顾理应多于男孩子。您对薛宜彤的付出一定会有相当的回报，这是因为您的一颗爱心，不仅可以让孩子感受到父爱，更重要的是还可以唤起您妻子的爱心，她会以加倍的关爱回报给您的儿子。

  把两个残缺的家庭组合在一起，为两个单亲的孩子找到另一半亲情，你和你妻子的选择完全没有错。只要你们在以后的日子里用心付出爱，用情编织生活，你们的家庭一定会是一个人人羡慕的家庭。两个孩子也会在爱的簇拥中长大。他们不仅会用爱来回报你们，还会用爱来回报社会的。

  祝你们生活幸福愉快！

王欣
2001 年 3 月

67 不能放任孩子

冯女士：

　　您好！

　　我今天给您写信是要告诉您杨云宏已经一个星期没有到学校上学了。在这一个学期里，这样的事情发生了多少次，我都记不清楚了，我真的很为孩子担心。我给您打过无数次的电话，到您家里也去过不少次，但是和您碰面的机会很少，没有办法，我只好给您写信，提醒您重视杨云宏的教育问题。

　　我知道，杨云宏之所以不在学校读书，是因为他不愿意和继父生活在一起。他声称要出去打工，靠自己的劳动养活自己。这些话，他不但多次给同学们讲过，还写在了自己的作文里。很显然，杨云宏觉得自己生活得很不愉快。一个十二岁的孩子，能找到什么工作，弄不好，他会被坏人利用，甚至走上犯罪的道路都是有可能的，因为在今天的社会上这样的例子举不胜举。为了孩子的安全，更为了孩子的将来，您能不能和您的丈夫好好谈一谈，检查一下你们与孩子相处的方式，纠正不正确的教育方法，多给孩子一些温暖和关怀，让杨云宏像别的孩子一样有个温暖的家——这对于一个孩子来说，实在是太重要了！

在我的学生中，生活在再婚家庭里的孩子也不少。他们大多数得到了父母的关怀和呵护，平静地学习和成长。那是因为他们再婚的父母都自觉承担起了对对方孩子的抚养责任。您现任的丈夫我见过一次面，他看起来也是一位很有教养的男人。我听您讲过你们当初结婚的时候谈过关于孩子的抚养问题，他慷慨答应了。为什么你们结婚以后又对孩子说他没有抚养他的责任？这其中的原因您一定要弄清楚。假如是杨云宏因为什么事情伤害了他继父的感情，您要给孩子做工作，教育他尊重长辈，听从长辈的教导。找到孩子以后，要让他给大人承认错误，赔礼道歉，取得大人的谅解。假如原因出在您丈夫的身上，您要和他交流和沟通，提醒他抚养孩子，让孩子接受义务教育是法律规定的父母义不容辞的责任，让小学生早早辍学流浪在外是要受到法律追究的。相信他也是一位通情达理的人，也会权衡利弊作出正确的选择。

我知道，世界上的母亲没有不疼自己孩子的，您对于杨云宏目前的状态采取放任自流的态度一定是事出无奈。可是您不能忘了，像杨云宏这样的年龄，正是心理品质成长的重要阶段。家庭矛盾最容易造成孩子心理扭曲，他会用另外一种眼光来看待周围的人和事，他会用另外一种方式来处理他与周围的关系。一旦他误入歧途沾染了社会上的不良习气，下坡的车走得特别快，纠正起来就不是一两日就能大见成效的了。到那个时候，不光是你们家庭，包括学校都会痛心疾首的。我之所以这样说，是因为像杨云宏这样的孩子很多，他们中，有的家长反省得及时，孩子得到了挽救，有的家长执迷不悟，孩子最终走上了一条大人最不愿意看到的路。

我劝您放弃现在的冷漠，想办法找到孩子，用崇高的母爱去温暖他冰冷的心灵，用和谐的家庭关系去召唤他出走的脚步，尽快地给孩子创造一个适宜于生活和学习的家庭环境，这是他当前最需要的，也是您和您的丈夫应尽的责任。也许您很为难，但是您一定不要被困难吓倒，您就这一个儿子，还有什么比他更重要的呢？

有什么事情用得上我就尽管说，我会尽全力帮助您的。

祝您生活愉快！

王欣

1998 年 5 月

68 您是一位好妈妈

向女士：

　　您好！

　　我是您儿子刘洋和的班主任王老师。最近，您也可能发现了刘洋和对您的态度有了很大的变化，有一件很感人的事情你还不知道，听我告诉您。刘洋和在上周我们班召开的主题班会上，对全班同学讲您虽然不是他的亲生母亲，但是，您对他比亲生母亲还要亲，他对您充满了感激之情。

　　那天，我们班召开的班会主题是《我的家》，要求同学们把发生在自己家里的，最感人的事情讲给大家听。刘洋和在他的发言里讲到的事情是您这几年里对他的照顾和关怀。他列举了好几个例子，听得同学和老师都流下了眼泪。最后，刘洋和充满深情地对大家说："阿姨自己的身体很不好，但是，我从来都没有见过她掉一滴眼泪。那天我摔伤了，阿姨把我送到医院以后看着医生给我缝针，我疼得哭了，阿姨抱着我也哭了。我知道那是因为她心疼我才哭的。我现在最想做的一件事情就是回到家里叫阿姨一声'妈妈'。"说完，孩子已经是泪流满面了。我想，您肯定已经听到了他甜甜的呼唤。我要向您表示祝贺。

　　人都说继母难当。一方面是因为每个女人都很难把别人的孩子当作自己的孩子来疼爱。另一个方面是因为每个孩子都很难把一个陌生的女人当成亲妈。所以，凡是有这种关系的家庭里人与人之间的关系都很难相处。尤其是扮演继母角色的女人，稍不注意，就会引起家庭纠纷。我清楚地记得您刚和刘洋和的爸爸结婚的时候，刘洋和对您的态度很不好，平常连个"阿姨"都不好好叫。他的爸爸又经常出差，家里只有你们两个人。刘洋和常常放学不按时回家，您到处去找他。他不好好学习，您每天陪着他做功课。有多少回他和同学打了架，您一家一户地给人家赔不是。就是他的妈妈在世，也就不过如此了！有一次您又为刘洋和与同学发生的纠纷被我叫到了学校，我很同情您的处境，问您为他这样劳累值不值得，您说了这样两句话："这孩子没有了亲妈，已经够可怜的了，我假如再对他不好的话，他不是更苦了吗？再说，我既然和他的爸爸结了婚，这个孩子就是我的孩子，我一定要负起对他的教育责任。"当时办公室里的老师都向您投去了敬佩的目光。

　　有句成语叫做精诚所至，金石为开。您的善良和真诚跨越了血缘的阻隔，终于融化了一颗冰冷的心。您是许多为人继母者的榜样。我给您写信的原因一方面是给您说一说在班会上刘洋和发言的情况，另一方面是为了表达我对您的敬意。因为您的原因，刘洋和的学习也有了很大的进步。谢谢您！

　　祝您生活幸福！

王欣

1998 年 5 月

69 做个漂亮妈妈

璇子的妈妈:

您好!

我是璇子的班主任王老师。几次到您家里拜访,都没有碰上,很是遗憾。今天写这封信是因为我在和璇子的接触中,发现孩子有一些思想问题,想和您交换一下意见。

首先我要表示我对您的敬佩之情。我知道,璇子是一个有残疾的孩子,您一个人带着她历尽了艰辛。她每个月光看病就要花去近千元,加上你们娘俩的生活,一个月没有两三千元是打发不下来的。您为了孩子,坚持在外企供职,每天工作时间长,负担重,风里来雨里去,您以坚强的意志克服了无数的困难,您是一位非常了不起的妈妈。

　　璇子很爱您，她常常在日记里表达对您的感激和敬重。在她的心里，您不仅是爱她、呵护她的妈妈，还是她人生的榜样。她在一篇日记里写到：每当我看到一只受伤的小鸟，就会把它轻轻地捧在手里，为它包扎好伤口。我想，可能它的父母因为它受伤了而遗弃了它，它是一只不幸的小鸟。与它相比，我是一个幸运的孩子。虽然我有一个狠心的爸爸抛弃了我，但是我有一位慈爱的妈妈。她从来也没有嫌弃过我，她为了抚养我长大，吃尽了苦头，还失去了人生许多宝贵的东西，包括"爱情"在内，妈妈都觉得它没有我这个残疾的孩子重要。我时常想，妈妈的这种品质就叫作"舍己为人"，妈妈应该也是英雄。在我对妈妈无限感激的同时，也很敬仰她的为人。我多么希望妈妈能生活得幸福、快乐。

　　我还读到璇子的另一篇日记。她在这篇日记里说出了她内心的一个秘密：妈妈很少开心地笑过。无论是我的身体有了多大的好转，还是我在学校里获得了任何奖励，妈妈都是紧闭着双唇，一脸严肃地点一点头。从来也没有绽放过灿烂的笑容，有几次她甚至偷偷地哭了。我想来想去，造成妈妈不快乐的最大的可能就是因为我是个残疾儿童，妈妈无法把我带到人前去炫耀，她当然不高兴。我有时候都想，假如没有了我，妈妈也就没有了这个耻辱，她是不是就会快乐起来呢？我真愿意用我的生命去换妈妈开心的一笑。

　　璇子的话，让我的心里一震，她是一个"既明白又糊涂"的孩子呀！我找她谈过几次话，告诉她妈妈绝对不是因为她而不开心，妈妈是有许多困难需要去应对，她太忙，忙得连微笑也忘记了。我不知道自己的话是否有说服力，总之，孩子答应我不再胡思乱想了，我的心也才放下了。

　　我不想让您为孩子操心，但是又实在忍不住想将孩子的秘密告诉给您。您需要调整您的情绪，把微笑放在脸上，做个漂亮妈妈。尽管我知道这对于您有些强人所难，但是，为了璇子，您肯定会这样做的。

　　我们每个人在人生的道路上都免不了遭遇困难，愁也一天，乐也一天，倒不如把愁苦抛在一边，换一张笑脸给您和您的孩子看。您觉得我讲得有没有道理？

　　有什么困难需要我帮助的话您尽管开口。

　　祝您愉快！

王欣
2001年5月

70 他日夜盼望您的归来

沈先生：

您好！

我是您的儿子沈朝阳的班主任王老师，我们从来也没有见过面。

我给您写信的原因是我很想让您知道沈朝阳多么希望他也像其他孩子一样，有一个快乐的、完整的家。

沈朝阳在我们班学习成绩是最棒的，门门功课都不错，像他这样生活在单亲家庭里的孩子，能学得这样好是很少见的。不过，这个孩子特别内向，他极少像别的孩子一样开怀大笑，一丝淡淡的忧愁总是写在他还很幼稚的脸上。起初我并不了解情况，还以为他就是这样的性格。后来在和他的妈妈接触以后，才知道在孩子幼小的内心深处,有一块伤痛,那就是您。

我终于有机会和沈朝阳敞开一谈了。那是在一个秋天的下午,满操场都是被秋风吹落的黄叶,我和他坐在足球门旁边的看台上,孩子望着天边渐渐沉没的夕阳向我倾诉了他内心的痛苦和向往。

"我知道妈妈和爸爸分手的原因是因为爸爸不好。但是,我也知道妈妈到现在还爱着爸爸。要不然,妈妈为什么到现在还是一个人。我还知道爸爸过着漂泊的生活。我常常在睡梦里见到爸爸穿得很破,又冷又饿地蜷缩在别人家的屋檐下。醒来以后,我把梦中的情景告诉给妈妈,妈妈说她也梦见过爸爸,只是爸爸不像我梦中的样子,他穿戴整齐,趾高气扬。我知道,这是妈妈还没有原谅爸爸。我劝过妈妈让爸爸回来,妈妈并没有完全反对,只是提出一个条件,要爸爸给她赔礼道歉。可是倔强的爸爸就是不道歉。我们的家就这样一分为二了。

没有爸爸的家是软弱的。家里装修房子,妈妈每天都累得上气不接下气,没有一个人替换她。那一次,电视机坏了,维修部的叔叔没有时间上门服务,我和妈妈费了九牛二虎之力,才算把电视机搬到了楼下。有时候我和同学发生了争执,很多人都威胁我说,要让他的爸爸来和我理论。可能他们都是因为知道我没有爸爸的呵护才说这样的话的。我觉得我们的家像秋天里落叶的树,我和妈妈像还挂在树上的稀稀拉拉的叶子，一点生气也没有。我不明白的是，爸爸怎么就不能给妈妈道个歉，让我们这个家变得像夏天的绿树，郁郁葱葱呢？"说完，沈朝阳叹了一声气，两手捧着头，胳膊撑在膝盖上，目光从远方收回来盯着脚下的落叶发呆。

泪水滑落在我的脸上。一个十一岁的孩子竟然像一个受伤的成人一样忧郁、痛苦，说出的话含义那样深刻，那样发人深省。让我这个当老师的人都无言以对。您还忍心再伤害他吗？

我觉得大人之间的战争受伤害最重的是孩子，沈朝阳已经被你们伤得不轻了，您能不能尽快地想个办法补救一下，去掉孩子心头的重负，让他也和其他的孩子一样，有个快乐的童年，这对他很重要。

咱们没有见过面，我就给您写信，似乎有些冒昧。但是，您如果回来见一面您的儿子沈朝阳，相信您就会认为这封信写得很有必要了。

盼望着有一天能看到您牵着孩子的手送他上学。

祝好！

王欣

2001年10月

第八篇　你和老师也可以是朋友

71 把孩子介绍给新老师

季女士：

　　您好！

　　您前几天的来信我收到了。我想您是不是误会了您儿子新换的班主任景老师，觉得她不像原来的那位李老师那样对学生特别热情，深受学生的欢迎。其实，景老师是一位很优秀的年轻教师，她性格开朗，热情活泼，知识面特别广，很容易与孩子交流和沟通。她新接的这个班上五十多名学生中，还没有人反映这方面的问题。您发现的问题有可能是因为您的儿子比较内向，年轻的景老师缺乏经验，没有及时与孩子走近造成的。孩子觉得新老师不喜欢他，肯定心里不愉快，这是一件让人听了很难过的事情。

一般情况下，一个刚接了新班的老师都会重视了解班上的同学。她们通过课堂教学了解孩子知识掌握的情况，通过批阅作业了解孩子知识巩固的情况，通过课外活动了解孩子兴趣爱好以及身体健康的状况等。可以这样说，只要老师与孩子接触，就会对孩子进行了解。但是，由于孩子的在校时间有限，加上班级人数较多，再加上孩子们有着各种各样的性格特点以及家庭环境，老师要完全了解每一个同学还是需要比较长的一段时间。您想一想，假如您能在开学不久就把您儿子的情况向老师做个介绍，那无论对孩子还是对老师来说都是很有帮助的。况且，您的儿子属于那种需要老师主动接触、格外关心的孩子，您就更有必要和老师交流与沟通了。

我这样讲，并不是为我们的老师开脱责任。景老师如果是一个很有经验的老教师，她也应该在比较短的时间内走进每个孩子的心里，不至于让孩子觉得"她不喜欢我"，造成他的心理负担。

说到底，这件事是我们大人的责任，是我们老师和家长不能主动地关心孩子造成的。所以，我们应该立即补上这一课。您最好还是和景老师谈一谈，把孩子对她的感觉说出来，这有助于她改进自己的工作。再把孩子的性格特点介绍给她，让她进一步了解孩子。我相信，只要您和景老师谈过话，她就会立即主动接近您的儿子，用她的关心和爱护解除孩子心里的疑问，不用多长时间，您的儿子就会像从前一样快乐起来。与此同时，您也会认识一位朝气蓬勃的年轻教师，也会逐渐喜欢上她的。

我们有许多家长将孩子送到学校以后，就不太注意与学校和老师联系了。其实，这些家长不知道，主动与老师沟通，及时将孩子的情况反映给老师是一件非常必要的事情。家长和教师在联系中可以共同切磋教育孩子的内容与方法，争取教育的一致性。它还可以帮助教师在教育中少走弯路，帮助学生及时得到老师的关怀，避免各方面的失误。有一句话说得好：学校教育与家庭教育的紧密结合才是完美的教育。我非常希望您和广大的家长能与我们一起共同创造出完美的教育。

感谢您对学校工作提出的意见，我会主动关心景老师的教育教学情况的。

祝好！

王欣

2003 年 4 月

72 不必过于计较老师排的"名次"

胡先生：

您好！

您写信告诉我您最不愿意参加学校召开的每学期一次的家长会，让我非常惭愧。由于我们工作中存在的问题，给您和一些家长造成如此强烈的心理压力，让我很不安。我向您保证，在最近的一段时间里，我一定要向教师进行职业道德教育，要指出我们工作中存在的问题，迅速纠正存在于某些教师身上的不良作风，改善学校教师和家长的关系。

正像您所理解的那样，学校定期召开家长会，首先是为了加强学校与家庭之间的联系，在联系中互通学生的有关情况，协调学校和家庭教育。其次才是将学生的考试成绩通报给家长，争取家长的配合。而我们有的教师将每学期的家长会开成学生成绩排名发布会，将学生的成绩按顺序写在黑板上，有的还用不同颜色的粉笔标出先后来。有些老师更过分，他们当着全体家长的面批评一些成绩落后的同学，给学生家长造成很大的压力。您采用给我写信的方式表达您的看法是很理智的，有的家长开完家长会就对孩子实施惩罚，直至拳脚相加就更令人遗憾了。这样的家长会，不光是家长有意见，对那些学习成绩相对落后的同学来说更是深恶痛绝。我们不能允许这种完全违背了教育规律，也不符合有关教育法规规定的做法再继续伤害同学和家长的自尊心了。

根据我们的经验，在小学阶段学习成绩不太好的学生到了中学跃入前几名的大有人在。因为小学生年龄太小，认识事物的能力还很不够，她们大多数还不明白学习成绩对她有多大的重要性，她们对学习完全是一种被动的接受。教师引导得好，学生可能会学得好一些，教师引导不好，学生成绩就不会太高，在这个问题上，教师才是矛盾的主要方面。所以我们的教师，在批评学生学习成绩不高的时候，首先应该检查的就是自己的工作，他们没有理由指责学生，更没有理由埋怨家长。

另外还有一点值得一提，那就是我国的教材编写得难度太大，也给小学生造成学习的困难。在国外,小学生的学习任务就很轻松,他们的大部分时间用于玩耍。外国人注重培养小学生的各种能力和良好的习惯,不像我们中国人,孩子上了一年级,就要死死地盯住她的考试成绩。当然,这和中国的考试制度也有关,这是一个牵扯到我国教育改革的问题。我给您讲这些的目的是想告诉您,您的孩子目前学习成绩相对落后,但是,它绝对不能说明孩子将永远落后,您不能因为受了老师的打击就对孩子失去信心,那样的话,老师真要无地自容了。

您不必害怕参加学校的家长会,别人因孩子的考试成绩而骄傲,您也有骄傲的理由。您的女儿天真活泼,有一副好嗓子,歌儿唱得特别棒。她参加过市上的比赛获过大奖,这在学校里也是独一无二的。为什么一定要和别人比不足呢?况且一次考试成绩并不能定终生,只要孩子的心理健康发展,将来您女儿也会像别的孩子一样把学习成绩提高上去的。要紧的是您当前要用正确的方法引导孩子,要给她以鼓励,要用充满希望的眼神瞧着她。

能和您这样交流我很高兴,希望以后我还能听到您的意见。

祝好!

王欣

2000 年 7 月

73 巧妙纠正老师的错误

史先生：

　　您好！

　　您写给我的信收到了。

　　年轻教师在工作中出现错误的现象不少，您能够指出这些错误是对我们学校工作的关心，我应该谢谢您。

　　您说得很对。教师从事的是一个关系到下一代人才素质高低的工作，所以大到国家，小到每位家长对教师都寄予很高的期望。学校为了不辜负这些期望，经常采用各种办法对教师进行职业道德的教育，提高教师工作的自觉性。应该说广大的教师还是有着强烈的事业心和责任感的，他们日夜埋头在教育教学工作中，培养了一批又一批的学生，赢得了家长的信任。

然而，教师也是人，是人都有出错的时候。特别是年轻教师，工作时间短，专业知识水平相对较低，在教育教学中出现这样那样的错误也在所难免。这就需要广大的家长帮助学校检查督促他们的工作，发现问题及时指出来，使这些年轻教师得到锻炼迅速成长。

现在我们来说一说您儿子的小王老师。他是一位走出师范学院大门才一年的老师，没有多少教学经验。他在我们的印象中算是比较敬业的一位，每天到学校的时间很早，回家的时间很晚，课间的时候经常看见他和学生们在一起玩，我们年龄大的老师说他是一个"孩子王"。爱学生，是年轻人从事教育工作的基础，没有爱，就没有教育。可是仅仅有爱也不行，教师还得有过硬的专业知识。您来信反映小王老师在教学中出现了知识性错误，而且不止一次。这可是教师的"大忌"，是不能容忍的，是必须纠正的。我再一次感谢您将这件事写信告诉我。

在感谢您的同时我也要给您提个意见，您不应该看着老师一错再错。当您发现他第一次教错的时候就应该及时地指出来。当然我们不能让教师特别没面子，直截了当地告诉孩子："你老师教错了，不要听他的！"您可以用一种很婉转的办法给他提出来。

比如将正确的答案写在孩子的作业本子上，旁边加上一个记号引起他的注意，比如给他写个纸条让孩子捎去，将您的看法讲出来，或者干脆给他打一个电话，用讨论的办法提醒他也可以，这样就可以避免他连续出错，避免孩子连续接受错误的教育。您觉得我讲得有没有道理？在提与不提意见的问题上，您想得太多了，任何一个校长都不会在这个问题上"袒护老师"，这是一个没有商量余地的问题，有错误就得纠正。另外，我们也不可能因为这一个教学中的错误就"敲了老师的饭碗"，您确实想得太多了。

教师在教学中出现知识性错误，学校有难以推卸的责任，说明我们对教师的管理不细致，领导对教师所写的教案，对教师的课堂教学以及教师的专业水平检查得不够，今后一定要引以为戒，在管理上下功夫，严格杜绝此类事件的发生。

我会用一个妥当的办法解决这个问题的，您不必担心了。

最后，我还要代表学校给您和其他家长道歉，对不起，是我们的工作没有做好，请原谅。

谢谢！

王欣

2003 年 10 月

74 配合教育也不难

小尹同志:

您好!

读了您的来信,知道您对"如何配合老师教育孩子"的问题有些困惑,我可以给您讲一讲这个问题,帮助您了解为什么要配合老师对孩子进行教育,以及怎样配合教育。

教育是一项综合工程,它不像盖一座大楼,有了设计好的图纸,工人就可以照图纸施工了。验收施工的质量,也只看是否严格执行设计,这些设计标准是用明确的数据来表示的,这就大大降低了验收的困难。教育是一项对人的培养,衡量教育的成功与否,不能仅仅看这个孩子学习成绩的高低,更重要的是要看孩子的品德意志、思想行为、身体心理等是否健康。它们大多数是不能拿一个准确的数字来衡量的，但是它们对一个孩子来说又是至关重要的。最要紧的是，这些被叫做"非智力因素"的东西，和一个孩子所受到的家庭影响关系也很密切。这就是教育的复杂性和困难性，这就是教育为什么一定要有社会和家庭配合的原因所在。我们强调学校"既教书，又教人"，讲的就是学校不能只教育学生学习文化知识，还要教给学生学会做人的道理。文化知识有现成的课本当教材，老师在教室里利用一块黑板几根粉笔就可以操作。做人的道理，思想行为的培养却不能仅靠学校的说教，更要靠社会和家庭给孩子以正确的影响和引导。

您还能说"教育孩子就是学校的事情"吗？

如何配合老师的教育说起来也不是一件难事。

首先您从思想上要重视孩子的教育问题，不能把孩子交给老师以后就万事大吉，不闻不问。您要利用一切时间了解孩子在学校的情况，包括她的文化课和体育课成绩如何，包括她和同学老师相处得怎么样，她爱上哪些课，不爱上哪些课等都是您应该关心的。了解这些问题的途径很多，您可以看她的作业和考卷，可以和她谈话，还可以到学校找老师同学了解等。只有掌握了孩子的情况，您才能有针对性地配合老师教育。其次，用自身的榜样力量影响孩子也是配合老师教育的最有效的方法之一。举个例子，老师要求孩子上课不迟到，但是，家长每天晚上的夜生活很丰富，睡得很晚，从来早上就不能按时起床，孩子自然也会把迟到不当一回事情。还有的家长平时与人相处中，斤斤计较从不吃一分钱的亏，孩子在学校里好贪同学的便宜也就不奇怪了。家庭是孩子成长的第一课堂，父母是孩子人生的第一任老师，这话是千真万确的。

您女儿的老师已经要求您配合教育，可见您在这方面做得有些欠缺，听我的建议，去学校和老师沟通一下，赶快把这件事抓起来，免得造成更大的损失。

祝好！

王欣

2002 年 5 月

75 他也参加了运动会

郑韩旭的妈妈：

您好！

来信收到了。知道郑韩旭因为没有代表班级参加学校组织的"三跳"运动会在家里哭鼻子，我的心里很不安。孩子愿意为班级争光的积极性是很可贵的，请您代表我安慰他，告诉他老师知道了他是非常热爱我们班集体的，以后有机会，我一定让他参加比赛。

您问到我为什么不让郑韩旭参加比赛，我想向您解释一下关于参加学校比赛的规则。学校无论组织什么活动，都有一定的名额限制。比如庆祝六一国际儿童节文艺演出，学校大队部限制每班出两个或者三个小节目。那么，参加演出的同学人数就非常有限，绝大多数同学成了幕后英雄。再比如学校召开各种运动会，设定的比赛项目中限制每班最多报三个同学。这三个同学的产生，除了在班上事先进行选拔比赛以外我还想不出别的办法来。由于同学们体质、技巧以及心理素质的区别，个别同学比赛成绩突出，大多数同学表现一般，结果老师就把成绩最好的同学报上去代表班级参加比赛了，大多数同学作了拉拉队员。

  不过，我还要向您说明的是，学校无论组织什么活动，比赛结果都不是最重要的，重要的是带动全校同学积极参与，让孩子们在活动中得到锻炼，受到熏陶，享受快乐才是学校的目的。每年学校召开"三跳"运动会前夕，每天一下课，大操场上到处是孩子们踢毽子、跳绳、跳皮筋的身影，像欢乐的海洋里快乐的浪花在跳动，一片热气腾腾的景象。学校要开歌咏会，课后，美妙的音乐不断从学校的各个角落里传出来，在整个校园里回荡，常常使人心潮澎湃。在这个过程中，孩子们无疑是快乐的，他们中大多数人是没有思考关于自己能不能上台的问题。我有一个同事的孙子，自上学以来，每年冬天为了参加比赛，要踢坏十几个毽子，踢坏两双鞋。因为他比较胖，动作不够灵活，所以到了五年级一次运动会也没有参加过。我和小家伙聊天时问他为什么要这样拼命地踢，他说："只要我好好练习，总有一天老师会让我参加踢毽子比赛的。"像我同事的孙子一样的孩子很多，他们都是怀着一种美好的憧憬积极参与学校组织的活动，在备战活动中经受了锻炼，得到了提高。我觉得这个意义大大超出了比赛拿奖。当然，我们还应该考虑到如何组织有更多同学参加的活动，比如班级之间的拔河比赛，比如大合唱比赛，比如集体诗朗诵等。给更多同学参与的机会。

另外，我还想提醒您，您千万不要和孩子一起难过，更不要产生误解，认为是老师瞧不起孩子，或者偏向别的孩子等。班上49名同学都是老师的学生，都会得到老师的关怀。但是，孩子们在学科的发展上并不平衡，咱们的郑韩旭数学不是学得很好嘛，他就经常参加数学比赛，别的孩子就没有这样的机会，对不对？您要配合老师教育郑韩旭正确看待自己，正确看待同学，要让他知道，无论是谁给班级拿回来奖状都是好事情，都给集体增了光。每一个同学在运动会召开的前夕，积极锻炼身体就是以自己的实际行动"参加了运动会"。

很希望郑韩旭高兴起来，希望他积极锻炼身体，希望他拓宽知识范围，努力提高自身的各种能力，准备着以后为班级争光。谢谢，再见！

王欣
1998年11月

76 放弃配合就是放弃责任

李承赐的爸爸：

您好！

您的儿子李承赐在我们学校读书已经有三年时间了，我们几乎没有见过面，昨天开家长会，您又一次缺席。今天我找承赐了解您缺席的原因，孩子的话让我很难过："我爸爸说他没有文化，看不懂我的书，也辅导不了我，来开会还不是聋子的耳朵样子货！我反正是没有人管了……"说着话，孩子哭了。我安慰了孩子好长时间，他才逐渐平静。随后我问他您看得懂书信不，孩子说没问题，说您在老家也经常给人写信。我想，您既然没有时间来学校，我就给您写封信，咱们好好聊一聊。

您可能误解了，以为来学校和老师见面，就是要求您辅导孩子的功课，其实不是这样的。我们定期召开家长会，主要是为了加强学校和家长之间的联系，为教育好孩子互相沟通，互相了解，互相配合的。

因为我们经常不见面，所以我对李承赐的情况不完全掌握。比如，承赐上课特别容易分心，我多次找他谈话，孩子都说没有什么原因，但就是纠正不过来。昨天因为家长会的事情，孩子才告诉我，他的奶奶在农村生病有一年多了，她妈妈带着妹妹回农村照顾奶奶去了，家里就留下他和您。孩子说他的心里特别惦念奶奶。像这种情况，如果我知道得早，我肯定会多给孩子一些关心和安慰，及时地帮助他把注意力转移到课堂上来，他就不至于长时间地独自苦闷，影响学习。您说是不是这个道理？

您说您看不懂孩子的课本，这也有可能。但是，您想不想了解您的孩子？他在学校生活得快乐不快乐，上课听讲学习专心不专心，作业完成的得好不好，考试的成绩高不高？这些情况，都是您应该了解和掌握的。还有，在教育孩子的问题上，家长除了关心他的学习情况以外，更重要的是要关心孩子的思想和身体。李承赐因为来自外省农村，方言很重，所以他经常不说话，怕同学们笑话他。尽管同学们已经习惯了他的方言，并且都愿意和他一起玩，但是李承赐的压力还是很大，话说得仍然很少。这一点，需要我们进一步做工作，假如您再能给孩子一些支持和帮助，他就会好得多了。您信不信？

十年育树，百年育人。教育绝对不是一件一蹴而就的事情。它不光需要花费专业教育工作者的一生心血，还要家长付出相当大的努力才能有所成效。这一点您一定要明白。

在这里，我要告诉您，李承赐在学校里是一个很腼腆的孩子，他从来不和同学打架。他是很聪明的，接受知识没有问题。就是需要活泼开朗，热情主动。如果我们不能及时地帮助他去掉心里的负担，恐怕会对他以后的性格形成带来严重的影响。所以，我希望您今后不光要管李承赐的吃和穿，还要管他的学和长。让我们共同携起手来，帮助李承赐在成长的道路上跑得更快！

最后，我想说，教育孩子的事，是每个父母一生中最大的事，因为他是你们生命的延续。您的理想，您的企盼，如果在您这一辈里没有实现，孩子就有可能让您美梦成真。您万万不可以放弃应尽的责任，这不光是对孩子的不负责任，也是对您自己的不负责任！

不知道我的这些意见能被您接受否？希望能与您保持联系。

祝好！

王欣
1999 年 3 月

第九篇 你要教育他热爱劳动

77 家务劳动情况调查表

_____的家长：

　　您好！

　　我是您孩子的班主任王老师。非常感谢您在以往的工作中对我的支持和帮助。今天给你们写信的原因是我要向您调查孩子们在家里的劳动情况，请您协助完成。您先阅读一下下面的调查项目，然后根据孩子的表现逐条判断，在题目后面的括号里填上"是"或者填上"否"，最后根据提示作出分数统计。请您及时地把调查表反馈给我。谢谢！

王欣

2001年5月

五年级一班同学劳动能力和表现情况调查表

1. 每天早晨起床穿的衣服是自己提前一天准备好的。（ ）
2. 早晨洗漱用的牙具、毛巾等是自己拿的。（ ）
3. 吃饭时能主动端菜、准备餐具。（ ）
4. 吃完饭能主动收拾餐桌。（ ）
5. 会洗碗。（ ）
6. 能主动帮助家长洗碗。（ ）
7. 会拖地。（ ）
8. 能主动帮助家长拖地。（ ）
9. 放学回家能把书包放在指定的地方。（ ）
10. 经常整理自己的书包和学习的桌子。（ ）
11. 晚上睡觉前自觉刷牙洗脚。（ ）
12. 晚上睡觉前能整理自己的床铺。（ ）
13. 能主动帮助大人整理床铺。（ ）
14. 与大人一起外出时能主动帮助大人提东西。（ ）
15. 大人买了东西回来能主动接过来放在合适的地方。（ ）
16. 全家大扫除的时候，能主动参加或者承担一部分任务。（ ）
17. 会洗自己的袜子和内裤。（ ）

18. 自己的袜子和内裤自己洗。（ ）

19. 家长干体力活的时候，主动上前参加。（ ）

20. 动手修理自己弄坏的玩具。（ ）

21. 家里来了比他（她）年龄小的客人能主动照顾。（ ）

22. 熟悉家里有哪些清洁用具。（ ）

23. 熟悉清洁用具放的地方。（ ）

24. 经常给大人说："您辛苦了！"（ ）

25. 有时候给大人说："您辛苦了！"（ ）

26. 会剪手指甲。（ ）

27. 会剪脚趾甲。（ ）

28. 自己的指甲自己剪。（ ）

29. 会洗红领巾。（ ）

30. 自己的红领巾自己洗。（ ）

劳动态度等级_____

家长签字_____

提示：①此调查表要如实填写。②关于等级划分：18—20个"是"划及格；21—25个"是"划良好；26—30个"是"划优秀。③争取一周内把调查表反馈给我。

78 给孩子安排一定的家务劳动

尊敬的各位家长：

你们好！

上次发给大家的调查表很快就反馈回来了，我再次向大家表示感谢！

从调查表上看，同学们参加家务劳动的情况不容乐观。全班达到"及格"以上的同学仅有 21 名，不足一半，没有一名同学达到优秀。90％的人不熟悉家里的清洁用具放在什么地方，80％的人没有洗过自己的内衣和袜子，80％的人没有给家长说过一句"您辛苦了！"我们的孩子在大家的庇护中过着衣食无忧的生活，"劳动"这个词语好像与他们没什么直接的关系。这是一件应该引起我们重视的事情。鉴于此，我又给大家写了这封信，就关于适当地给孩子安排家务劳动问题和大家交换一下意见。

在我让学生把调查表送给家长的时候，就有孩子反映说："妈妈只让我搞好学习，她不让我操心别的事情，说做那些事情会耽误我学习时间的。"还有的学生说："我只要一动手做事情，爸爸就会从我的手里夺过工具扔在一边，他害怕我用工具伤了自己。"

孩子反映的情况很真实，这些现象说明了很多孩子没有劳动能力不是他们不爱劳动，而是我们的家长不主张他们参加力所能及的劳动。根子还在"智育第一"上。

不可否认，今天的孩子面临学习成绩上的激烈竞争，将来能否考上一个理想的学校，分数成了唯一的衡量标准。因此，家长不顾一切地提高孩子的学习成绩。这一点，不光是家长，就是我们这些做老师的心里也很明白，很理解，同时也很同情大家。然而，在提高孩子学习成绩的同时，有一个事实不容忽视，那就是我们到底要培养一个什么样的接班人？

我国的教育方针自解放以来有过几次变化，但是，德、智、体三方面始终是它的灵魂。因为只有这三方面和谐发展的学生才是比较理想的接班人，将来才能承担起建设祖国的重任。劳动教育既是一种思想品德教育，又是一种身体健康教育。还是一种智慧挖掘教育。因为劳动不只是人们生存的手段，也是锻炼技巧、培养意志、丰富知识、开发智力的必由之路。试想一下，我们的家庭教育中，根本就没有劳动教育，我们的孩子长大以后，即使有聪明的智慧，广博的知识，又如何将它们贡献给我们的社会呢？多少残酷的事实告诉我们，没有对劳动的教育，也就没有对劳动的尊重，当然也就没有对父母的尊重。"好逸恶劳"造就了多少社会渣滓，破坏了多少幸福的家庭。

我建议各位家长，把劳动教育列入你们的家庭教育目标之中。从简单的自我服务性劳动开始，培养兴趣，循序渐进。当然，少年儿童参加的劳动内容，不可能像成人一样，要结合他们的年龄特点，要把重点放在培养兴趣上。在孩子劳动的过程中，家长要特别留意观察，不要让孩子因为劳动而受伤或者出了什么事情。

有一点我要提醒大家，在日常教育孩子的过程中，千万不要把劳动作为惩罚孩子的手段——孩子做错了事情，罚他扫地一个星期。这样的做法完全否定了劳动的意义，这等于给孩子上了一课：只有没出息的人才会去劳动！

从一定意义上讲，教育孩子爱劳动，就是教育孩子爱国家、爱家庭、爱父母、爱自己。希望我们的孩子在劳动中长知识，在劳动中明是非，在劳动中长能力。

很希望得到您再一次的配合。谢谢！

王欣
2001年6月

79 劳动习惯要培养

朱茵：

你好！

我觉得虽然你不在孩子身边，但是你的心从来就没有离开过孩子。你不但天天给家里打电话，还经常给我打电话或者写信了解孩子的情况，像你这样人在外地工作，天天过问孩子的妈妈不是很多。

你来信说刘明延暑假里在你那儿住了一个月，你发现孩子什么活儿也不会干，也不想干，除了完成暑假作业，就是打游戏、上网，有了空闲时间，也是在屋里荡来荡去。你们一家出去旅游，分配他背一些饮料，他竟然给你把背包扔到了地上……面对这样的儿子，你感到束手无策，问我怎么办。

我是刘明延的班主任老师，和孩子相处了五年时间。五年里，我天天看见刘明延的爷爷或者奶奶肩上背着孩子的书包，手里拎着水瓶子，刘明延一身轻松地走在旁边，俩人一起来学校。上一二年级的时候，爷爷奶奶还牵着他的手，上三年级以后，他就跑在了老人的前面。有一次他们来晚了，刘明延跑到了学校的大门口，奶奶背着书包落在了后面，刘明延冲着奶奶跺着脚大喊："你能不能走快一点儿，我就要迟到了——"可怜的奶奶，气喘吁吁地追到了学校门口，把书包交给刘明延以后，一屁股就坐在了学校门口的台阶上，半天都没有起来。为这件事情我批评过他。你猜你的儿子怎么说，——"他们不让我背书包，说书包会把我压得不长个子的！"

听了孩子的话，我们就不难想象，在家里，爷爷奶奶又是怎样"剥夺刘明延的劳动权利"的。

说真话，在我们的学生中，凡是父母自己带的孩子一般都比较自立，有一定的生活能力，自我服务性劳动还能做得来。用老人的话说，那是因为年轻人太懒了，逼着小小的孩子做这做那。其实他们不知道，他们那种"从头服务到脚"的带法，不仅是害了孙子，更是害了儿子或者女儿。像你们刘明延这样的情况在我们班上很普遍！

怎么办呢？无外乎两条路。如果你有条件的话，最好自己将孩子带到身边读书，刘明延现在读五年级，有些习惯还来得及纠正，如果他上了初中，长期养成的习惯纠正起来就不是那么容易了。如果你没有条件带孩子，那就只有给他们祖孙两代做工作了。老人的工作不好做，你只能给他们讲一讲娇惯孩子的危害，引起他们的重视。你将家务活儿做一个明确的分工，告诉老人，有哪些事情必须由刘明延承担。你需要重点教育刘明延，他已经开始懂事了，你要告诉他有没有劳动能力对一个人来说有多么的重要，同时要告诉他爷爷奶奶年龄大了，他不但要减轻老人的负担，还负有照顾老人的责任。用责任感调动他的积极性，有时候比纯粹的说教还有用。以后，你每次打电话都要了解他是否在劳动方面有了进步，对于他的任何一点儿"表现"，你都要给以及时的鼓励和肯定。一到假期，就把孩子接到身边，一方面加强和孩子的感情交流，另一方面注意培养他的劳动习惯。只要我们做家长的有了培养孩子劳动能力的意识，孩子就可能接受这一方面的教育，得到这一方面的锻炼，其结果肯定是不一样的。不过，你也不要着急，心急吃不成热豆腐。

　　谢谢你对我的信任，每次遇到刘明延的问题你就找我讨论，这其实对我也很有帮助。但愿我没有辜负你的期望。

　　祝好！

王欣
2001年4月

80 不能替孩子参加学校大扫除

林一征的爸爸:

您好!

上周末学校大扫除,您又派了您家的保姆来学校替林一征擦玻璃,又一次违反了你我之间的协议。所以,我不得不给您写这封信,再次提出我的意见。请您务必重视,再不要发生这种叫人哭笑不得的事了。

记得在林一征读一二年级的时候,你曾经来学校就孩子每周做一次值日,扫地擦桌子的事情和我交换过意见。您认为孩子太小,拿不起笤帚扫地,还说扫地的灰尘会被孩子吸入呼吸道,有害于他的健康。您建议学校每天雇佣清洁工打扫卫生。当时我们交谈了很长时间，我告诉您学校安排孩子们做值日的意义在于从小就要培养孩子养成讲卫生、爱清洁、爱劳动、爱集体的良好习惯，并且还告诉您小学一二年级的同学打扫的仅仅是他们上课的地面和桌子，劳动强度不大。他们劳动的时候老师会陪着一起干，一般不会出什么危险的。再说，一周之内一个孩子才能轮到一次值日的机会。您听了我的话当时没有表态，第二个星期轮到林一征做值日的时候，孩子的姥姥就来学校了，老人家让孩子站到教室外面去玩，她拿起了笤帚开始打扫卫生，我怎么也劝不住她，搞得很多外班的同学站在我们班教室门口观望，影响很不好。事后，有一次我在同学们的写话练习本上看到有一个同学这样写道：那天，林一征的姥姥到学校里替他打扫卫生，林一征在教室外面玩。我觉得他不是一个好孩子，因为妈妈告诉我，好孩子一定要关心老年人……可见那件事情在其他孩子们的心里留下了很深的印象。

现在，林一征读到了五年级，他们的劳动范围就要比一二年级的时候大一些了，像低一点儿的窗户玻璃，孩子们完全有能力把它擦干净。没想到，您又会派一个保姆来代替他完成扫除任务。

我对您这样害怕孩子从事体力劳动的思想是绝对不能认同的。因为这里面的道理非常简单。那就是您到底是想要培养一个什么样的林一征？是要他将来没有一点儿动手的能力吗？是想您一辈子跟着他，替他解决生活中的一切问题吗？是想让他长成一个四体不勤，五谷不分的"废物"吗？不！您肯定不会这样想，但是您现在的做法就是在把他朝着这个方向培养，这件事应该到此为止了吧！

也可能是因为您得到林一征的时候年龄比较大，按理说，父母年龄越大，孩子越应该早点儿懂事，早点儿照顾父母才对。

我知道，天下的父母都很爱自己的孩子，这一点是共同的。然而我也知道天下的父母会用许多完全不同的方法去教育自己的孩子。所以，才有千千万万个完全不同的孩子走向社会，他们的父母也会得到完全不同的回报。多么希望您能选择一个有利于林一征全面发展和健康成长的教育方法啊！

但愿学校里再也没有您的家人替林一征劳动的画面了。

祝好！

王欣

2003 年 9 月

81 尊重别人的劳动

孙女士：

　　您好！

　　来信收到了。对您为儿子不知道尊重别人劳动而苦恼的心情非常理解，的确这很让人伤脑筋。而且，这种现象在很多孩子的身上都有表现。

　　记得我上小学的时候，语文课本里有这样一句话：妈妈缝衣多辛苦，我穿棉衣要爱惜。当时我们也只有八九岁的样子，对于这句话领会得非常到位。一位很小就失去妈妈的同学对老师说："我没有妈妈，就要爱惜奶奶给我缝的棉衣。"还有一位同学在课间活动的时候，身上的衣服被同学不小心洒上了墨水。她哭着去告老师："老师，她不爱惜我妈缝的衣服！"当时孩子心底就像一张洁白的纸。那一代人在那篇课文的指导下，几十年来都会把是否珍惜别人的劳动当作衡量道德水平高低的一个标准。

形成鲜明对照的是，今天的大多数孩子对于约束自己行为的教育最容易产生对立情绪，美其名曰"个性张扬"，也不管这"个性"该不该张扬。在学校里，同学们刚刚打扫过的操场上，经过一节课间活动，就留下了无数张纸片，在教学楼走廊里雪白的墙壁上，经常可以看见同学们的手印、脚印，有的印记旁边还题上几个字：一手遮天。有些孩子在家里更是肆无忌惮，我们班有一个同学的家里几乎每一个月就要换一个保姆，原因是保姆受不了这个小学生的放纵。保姆刚整理过的房间，他一走进去就胡拉乱扯一气，弄得满屋子一片狼藉。他捏一块饼干在屋里走着吃，饼干屑洒了一地，他扬长而去。保姆与他理论，他瞪着眼说："我妈妈雇你干什么，就是要你来劳动的，你有什么不满意的？"一副财大气粗的样子。

由于年龄的原因，小学生在这方面的表现比中学生和大学生还要好一些。我们的成人真正懂得尊重别人劳动的比例也不是令人满意的。要不然，怎么会让清洁工人在天安门广场上用小刀子铲除地面上的口香糖呢？尊重别人劳动的问题是一个关系我们民族素养的大问题，也是一个关系到中国在世界舞台上的形象问题。它已经引起了党和政府的重视。

家庭是社会的细胞，如果每个家长都能够重视对孩子进行尊重别人劳动的教育，社会的风气就会有望得到转变。具体教育的方法，我想应该从以下几方面着手可能会有效一些。

首先，要分配孩子承担一定的家务劳动。这不光是要他从中体会劳动的艰辛，还要设法使他享受劳动的快乐，有的家长还故意破坏孩子的劳动成果，强迫他经历遭受不尊重的痛苦。如果家长能有目的地坚持对孩子劳动习惯的培养，一般来说孩子都会比较自觉地尊重别人的劳动。

第二，要带着孩子从家里走出去，经常到工厂、农村去参观，见识劳动生产的过程。在那里他们可以看到桌子是木头做的，木头是林场工人种的树；面包是小麦做的，小麦是农民伯伯辛辛苦苦种出来的。其实我们很多孩子就不懂他所享受的物质是从哪里来的，所以这一课一定要给孩子补上。

第三，要鼓励孩子参加一些有意义的活动，像学雷锋纪念日活动，慰问军烈家属活动，公益大扫除等。这些活动，都有助于帮助孩子克服自私心理，提高关心别人，尊重别人的自觉性。

　　凡是家长重视对孩子品质的培养，孩子就会进步。最可怕的是，我们家长错误地认为孩子还小，这些事情等他长大就自然明白了，那可真是亡羊补牢，为时已晚。因为一旦养成习惯，改起来就不是一朝一夕的事情了。

　　谢谢您能和我交流这一方面的问题。欢迎以后继续联系。

　　祝好！

王欣

2001 年 11 月

第十篇　你不可以那样做

82 不要屈服于她的眼泪

何华仙子的妈妈：

您好！

有一件很有趣的事情，我想悄悄告诉您。

星期一课间活动时，我看到何华仙子又穿了一件很漂亮的名牌衣服。我问她："华仙子，你妈妈又给你买新衣服了？"她歪着头看了我一眼，冲我招了招手，要我俯下身来。她趴在我的耳朵边悄悄地说："是我用眼泪换来的。""为什么呀？""妈妈不给我买，我哭了多半天，她才答应了。"我想听个究竟，就和她站在教室外面的走廊里聊了起来。

"老师，您不知道，我妈妈是一个心肠特别软的人，她见不得我流眼泪，我只要一哭，什么要求都会得到满足。"小家伙一脸的得意。

"你爸爸怎么样，也像你妈妈一样心肠特别软吗？"

"才不是呢，爸爸是铁打的心肠，硬着呢！就拿买这件衣服来说吧，我看咱们班刘惟倩穿了一件很好看。我也想要一件，就给爸爸和妈妈说了我的想法。他们都不同意给我买。爸爸还气势汹汹地说我就知道跟人比吃穿，有那么多的衣服还要买。我一看，有爸爸在跟前，什么事情都办不成，那就先不说了吧！星期六爸爸加班没在家，我觉得时机到了，就又跟妈妈说起买衣服的事情来。妈妈当然还是不答应。于是我就开哭，眼泪像断了线的珠子，吧嗒吧嗒地往下掉。妈妈当时就没辙了，连连说：'买，买，别哭了行不行？'我擦干了眼泪，立即拉着她上街买衣服，免得夜长梦多，等爸爸回来，说不定就泡汤了……"

为了不破坏孩子的兴致，我还特意夸奖了她的衣服很漂亮。何华仙子摇晃着小脑瓜，一蹦一跳地进教室去了。

我为什么要把这件事情告诉您，是因为我觉得您这样迁就孩子对她的成长不利。虽然何华仙子只有九岁，但是，她已经懂得揣摩大人的心理了。她知道爸爸不会迁就她，就不去缠爸爸，妈妈心肠软，就向妈妈提要求。假如她的要求是合理的，谁都会答应她的。正是她知道自己的要求过分，所以才选择了您。您满足的是她的不合理要求。

您的这种作法会助长孩子不断地提出不合理的要求，时间长了，会养成她的许多不良习惯。如与人攀比消费，大手大脚花钱，追求时尚新鲜等。这对孩子将来的性格，消费的观念，处事的方法都会带来一定的影响。另外，您这样做，还会慢慢破坏你们夫妻俩在孩子心中的平衡——她总觉得妈妈好说话，就愿意和妈妈沟通，爸爸难说话，就离他远一点儿。我不是危言耸听，无数孩子成长的经验都证明了这两点。

天下没有不疼爱自己孩子的妈妈。问题是应该怎样疼爱。一味地顺从，一味地娇惯，绝对不是"真爱"，而是"真害"。您想一想我说的有没有道理？

下次她再在您面前哭，您不要动心。您要这样想：她不是真的伤心了，她是在用眼泪作武器逼您"投降"的。

我也会在学校里设计一些活动，配合教育孩子们的。

祝好！

王欣

2000 年 10 月

83 不能重男轻女

石先生：

　　您好！

　　昨天，根据学校大队部的安排，我们班召开了一次班会，讨论"压岁钱"怎么使用的问题。同学们的发言很踊跃，纷纷向大家介绍自己打算如何使用"压岁钱"。这时候，我看到您的女儿石熙迈低头不语。于是我就点了她的名，请她也谈一谈自己的打算。出乎我和全班同学的意料，石熙迈红着脸站起来，嗫嗫嚅嚅地说："我……没有……压岁钱，所以也不用做计划。"同学们发出一阵"啊"声，觉得没有压岁钱是很不能理解的事情。我立刻发现自己的做法有错误，赶忙给石熙迈道歉："对不起，老师没有了解情况就问你，你坐下来吧！"

下课了，我还对自己刚才的做法感到不安，就把孩子叫到了办公室，开导她不要介意同学们的"啊"声，告诉她小孩子没有"压岁钱"也很正常。这时候再看石熙迈，一双大眼睛里盈满了泪水，她用牙紧咬着下嘴唇，马上就要哭出声来了。我吓得赶忙把她搂在怀里不住地安慰她。我听见孩子断断续续地说："我本来是有压岁钱的，爸爸和妈妈不许我管钱，硬要我把钱交给弟弟管。""你比弟弟大，为什么要把钱交给他？"我问她。石熙迈一下子哭了起来："爸爸和妈妈说我是女孩子，不能做家里的主人，要从小培养弟弟的主人翁精神。"……这时候，我才想起来石熙迈不是独生女，她还有一个弟弟。

孩子哭得很伤心，我劝了她很长时间才止住了眼泪。她还告诉了我许多关于您家里重男轻女的事情，听得我心里十分不安。她走了以后，我就开始给您写这封信。

何先生，我知道您一家是从农村来到城市里的。您有一点儿封建思想是可以理解的，您在日常生活中可能会对男孩子心重一点儿。但是我怎么也想不到，您竟然这样地轻视女孩子。说什么"女孩子不能做家里的主人"这样的话！您可知道，这对石熙迈的伤害有多重吗？她甚至怀疑你们不是她的亲生父母。再说了，您是根据国家的政策，生育了两胎，而且有幸生了一儿一女。在您的身边，有多少对夫妇只生了一个女儿，他们哪一家不是把女儿当作掌上明珠呢？因为他们都知道，社会发展到了今天，大到国家建设，小到居家过日子，哪里都是男女并肩作战。重男轻女的时代已经远远地过去了。

　　在每个孩子幼小的心灵里，父母就是他们全部的希望，父母是小鸟暖暖的窝，是小树苗吸收水分和营养的根。遭到父母的轻视对于一个孩子来说打击有多大是可想而知的。您大概从来就没有和石熙迈交谈过，当然不知道孩子的内心有多么痛苦！我劝您改变您错误的观念，改变您对石熙迈的错误态度，用一颗包容一切的父爱之心，迅速弥补孩子内心的失落。不要等到孩子长大了，对立情绪已经无法挽回的时候后悔不已。

　　因为我希望我的每个学生都是快乐的，所以我不能忽视您对石熙迈的轻视。我想，您也许能够理解我的心情。

　　人都说女儿是父母的小棉袄，只要您和您的妻子现在精心呵护孩子，你们将来就能体会到石熙迈这件小棉袄是多么的温暖、体贴。

　　就讲到这里吧，不知道您能不能接受我的建议？

　　欢迎和我联系。

王欣
2001年2月

84 不要给孩子当"保姆"

贝贝的爷爷、奶奶：

　　你们好！

　　我是贝贝的班主任王老师。我知道贝贝的爸爸和妈妈在国外工作，贝贝由您二老照顾，真是不容易。奶奶爷爷带孙子的辛苦可是不比寻常，我心里很明白。早就想和你们聊一聊，一直抽不出时间，今天给你们写封信，就一些问题交换一下意见。

　　人常说"隔代亲"，这话一点都不假。爷爷奶奶对孙子的那份感情，简直无法用语言来形容。更何况，贝贝的爸爸妈妈不在他的身边，你们会比一般的爷爷奶奶更加疼爱他，更加操心他，这是完全可以理解的。然而，在您二老疼爱贝贝的同时，可曾想过把贝贝培养成一个怎样的人？我想，贝贝的爸爸妈妈把孩子交给你们，肯定不光是要你们照顾好他的生活的，他们对您二老的希望还有许多许多。

您们把贝贝当作了小皇帝。据我知道，贝贝每天从早上起床，到晚上睡觉，所有的生活方面的事情都由你们一一代劳。起床的衣服是你们给他穿的，刷牙的牙膏是你们给他挤的，早点是你们喂他吃的，上学的书包是你们拎着的……更不能让人理解的是，贝贝只要在学校里有了一点事情，您二老就风风火火地找来，校长的办公室、教师的教研室、学生上课的教室都留下了您二老的足迹。您二老既像是贝贝的"保姆"又像他的"保镖"！

在您二老的"精心照顾"下，已经读了三年级的贝贝，像个幼儿园的小朋友一样胆怯，上课，他不敢举手发言，下课，他不敢一个人呆在教室里，体育课上，他不敢和其他孩子去拼抢皮球，一个人站在操场的边上……这不正常的现象，让我们看了特别心痛。照此下去，贝贝会成长为一个什么样的人你们想过没有？事实证明，娇惯了的孩子缺乏自制能力和独立生活的能力，长大以后难免吃亏。与其让贝贝那时候面对挫折惶感无助，还不如让他从小摔摔打打，练出直面人生的能力和本事。

也许你们不完全了解现代社会的残酷，它不光要求每个人具有丰富的知识，更重要的是要求每个人具备适应各种社会环境的能力，而这种能力的培养，应该从小抓起。你们忽略了对贝贝生活能力的培养，是一件非常严重的事情！相信贝贝的父母知道了也会强烈反对的。您说对不对？

听我一句真诚的劝告，马上改变一下对贝贝的教育方法吧！如果你们经常指导他去做自己力所能及的事情，他就会变得比较自立；如果你们能让他和小朋友们一起玩，他会变得逐渐胆大起来；如果你们在他遇到问题时，鼓励他自己解决，他会变得自信一些。这些能力的增长，对于一个孩子来说，是至关重要的。

请你们想一想我的话有没有道理。

打扰了！祝你们身体健康！

王欣

2003 年 2 月

85 不要束缚孩子的手脚

梅芬：

  您好！

  一路平安地到家了吧？我刚刚从孩子们的宿舍回到办公室里。陈家亢和所有的孩子一样，经过一天的活动，已经疲劳得睁不开眼睛了。吃过晚饭，一个个就歪七扭八地倒在了床上，现在已经甜甜地进入梦乡了。

  山村的夜晚比起城里来可就要寂静得多了，四周除了值班老师轻轻的脚步声以外，什么也听不到，真是难得安宁。此时的我倒没有了睡意，一个人坐在桌前打开日记本想写篇日记。不由得想起您这位老同学在这次学校组织的夏令营活动中给我出的难题来。在我们带出来的三百多名同学中，只有您一个人不放心孩子跟到了营地，检查了我们的住宿、食堂，了解了活动的内容才依依不舍地回家去了，您真是像人们所说的那样，把孙子含在嘴里怕化了，捧在手里怕摔了。

想到这里，我决定不写日记了，给您写封信，再一次提醒您不要把孙子拴在自己的裤腰带上，要放开孩子的手脚，让他自由自在的活动。

您说十岁的陈家亢离开您不会吃饭。今天下午我特别观察了他，我看他和其他同学一样，拿上营地统一发的碗排队等着炊事员阿姨打饭。后来我专门到他的桌子上去吃饭，看他狼吞虎咽的样子，我故意问他夏令营的饭香不香，您猜他怎么说："我奶奶每天做的就是米饭、炖肉、鸡汤老三样，腻死人了！这儿的饭花样多，我和同学们抢着吃真有意思！"您的宝贝孙子如是说。您说孙子没有离开过您一天，他一定会想您想得睡不着觉的。您又错了。他连着两天在睡觉以前只顾着和同学们讲笑话，疯打疯闹了，哪里还想起过您？您自作多情了吧！其实，不是这儿的饭菜有多么好吃，也不是孙子不想您，问题的关键是孩子们第一次离开了家，第一次和同学老师在一起吃饭、睡觉，这种全新的生活让他们大开了眼界，个个激动不已。因此将奶奶也抛之脑后了。这种快乐和兴奋，可是孩子一个人在家里很难体会得到的。您说是不是？

老同学，根据您这一次的表现，我就可以知道您是怎样带孙子的。在您的眼里，陈家亢还很小，他什么事情也不会做，所以您要替他考虑好一切，包括一日三餐，衣食住行。您认为他绝对不能离开您的视线，他只有和您在一起才是最安全的。让我不明白的是，您想没想过，陈家亢要不要长大，您能跟他一辈子吗？他所生活的二十一世纪是一个张扬个性、崇尚自主的时代，也是一个更加开放，充满机遇和挑战的时代。这个时代需要的是有知识、有能力的人，您这样放不开孩子的手脚，他的能力如何才能得到锻炼？说句不客气的话，你这样带孩子，不仅是对孙子的不负责任，更是对儿子的不负责任。因为您完全可能培养出一个只会听命于别人的胆小鬼。话是说得重一些，您想一想我说的话有没有道理？

我相信这次夏令营活动一定会给孩子们留下深刻的印象。我也希望您能以这次夏令营为戒，换一种教育陈家亢的方法，相信孩子会很快乐的，您也会很高兴的。

祝好！

您的老同学 王欣
2001 年 6 月

86 不要过分夸奖孩子

邱晓的妈妈：

您好！

我是邱晓的老师王欣。前天，我们班举行了一次主题班会。题目是"最喜欢的、最不喜欢的……"在这个班会上，同学们畅谈自己的喜好，倾诉自己的烦恼。班会开得很成功。

在那么多的同学发言中，我对邱晓的发言印象特别深，因为他所不喜欢的事情，是我们大人没有想到的，并且，是一般人都引以为荣的。乍听起来，您肯定有些糊涂了。

在班会上，有不少的同学说他们最不喜欢的是父母当着许多人的面提起他的学习成绩："瞧一瞧我们的学生，就给咱考了这么一点点分数，都不够我每天给他做饭的辛苦钱！""儿子，你看人家的孩子，多给爹妈长脸，你也好歹争一点气吧……"孩子们绘声绘色的描述，其实是在向父母发出呼吁：不要随便公开我的学习成绩，不要当众羞辱我！显然，这些同学不满于父母公开他们的"隐私"，他们希望家长们尊重他们，体谅他们。就在这个时候，您的儿子邱晓的一番话，道出了孩子们的另一种心态。

"我的学习成绩不差，基本上是班上的前三名，可是，我也最不喜欢妈妈当众宣布它。"同学们一齐把目光投向了邱晓，只见他顿了一下接着说："我的妈妈在每次考试完了以后，就喜欢对家里的人宣布我的成绩：'我儿子又考了一个第一名！'得意之情，溢于言表。她还不放过每一次宣扬的机会，只要家里来了客人，她就要首先把我作为招牌菜打出去，弄得我十分尴尬。我心里想，妈妈，求您别再张扬了，我下次考不到第一该怎么办？……"

他的话，让在场的同学和老师都吃了一惊，原来表扬也可以给人带来压力！

班会以后，我和邱晓又交谈了一阵儿，他详细地向我讲述了您的对外宣传带给他的烦恼，我觉得孩子说的很有道理。是的，邱晓是很优秀，您把他作为自己的骄傲是完全有理由的。可是，我们是不是也应该站在孩子的立场上替他想一想，那么多的亲戚朋友，都知道您有一个争气的儿子，别人多一份表扬，您就多一份光荣，孩子就多一份压力！邱晓是一个比较上进的小学生，他对自己的要求很严格，当然，他也很要强，为了保持他的"公众形象"他该有多累呀！再说，您不失时机地宣传邱晓，让孩子觉得您有一点"虚荣"，他不喜欢这样。

我知道，您没有想这么多，你是为儿子高兴，才这样做的，可能您根本就没有想过孩子的感受，没有想到过过分的表扬也会给他带来很大的压力。今天，我将邱晓的心理活动告诉给您，提醒您注意这个问题。我想，您今后一定会正确对待这件事情的。

祝您愉快！

王欣

2002 年 4 月

87 不要和别人比孩子

宁寰宇的妈妈：

您好！

前天我在看学生作业的时候，看到了宁寰宇写的一篇日记，读了叫人又好笑又难过。我摘录其中的一段抄写给您，咱俩一起倾听一下孩子的心声。

……老师有一天让我们写一段自己印象最深的话，同学们都在苦思冥想，我连一分钟的脑子也不用动，提笔就写：看看人家刘锦强，数学多棒，每次都考100分！看看人家季蓝，作文多好，每次都被老师当作范文读！看看人家张坤扬，参加一次运动会，就给他妈拿一张奖状，看看，看看……

看看，看看，看看我妈妈的眼睛是为别人长的，就会看到别人取得的成绩，看看我妈妈的嘴巴也是为别人长的，专门给别人作宣传！完了，我肯定完了，我在妈妈的眼里就是一块干巴巴的豆腐干子，既没有水分，也没有味道，干脆扔了算了！

宁寰宇对您有意见啊！

您和许多家长犯了一个同样的错误，就是总认为别人的孩子比自己的孩子有出息。但是您不知道，有出息的孩子绝对不是这样打击出来的。由此我联想到心理学在讲到人的群体心理特点时，提到了一个"暗示性"，说群体中大多数人或其中有威望的人的心理与行为对其他成员有暗示作用。您在暗示宁寰宇不行，数学不如刘锦强，语文不如季蓝，体育不如张坤杨。宁寰宇已经接受了您的暗示，认为自己的确不行。他的上进心被您打击掉了。

有人说，好孩子是夸奖出来的。我读过一篇文章，题目是《一位母亲和家长会》，写的是有一位母亲每一次去参加家长会，老师都说她的儿子这不行，那不行。这位母亲回到家里，从来也没有把老师的话告诉孩子，而总是夸奖孩子的进步很大。在母亲一次又一次的鼓励中，他的那个被老师说成是多动症的、没有希望的儿子，高中毕业以后考取了清华大学。在拿到清华大学入学通知书的那一天，儿子泪流满面地告诉妈妈，他早就知道自己不如人，但是，他不愿意辜负妈妈的鼓励。

虽然说每一个孩子都有他与人不同之处，但是，每一个孩子又有一个相同的愿望，那就是渴望得到表扬。您在表扬别人孩子的时候，就没有想到夸一夸自己的孩子，给他一些鼓励，难怪宁寰宇说您的眼睛是为别人长的，嘴巴也是为别人长的。

我知道，您对孩子有很高的期望，这原本没有错。只是因为您表达期望的方式有些不够妥当，引起了宁寰宇的不满，我希望您能够改变一下表达的方式，您的儿子就会给你创造出您意料不到的奇迹。

有人说过这样一句话：玫瑰就是玫瑰，莲花就是莲花，只要去看，不要比较。

能接受我的建议吗？真地很希望宁寰宇有个好心情。

再见！

祝好！

王欣
2001 年 4 月

88 不要"单腿跳"

魏先生：

您好！

昨天，您的夫人和我在一起交流了很长时间，我们主要谈的是您的宝贝女儿。说到家庭教育，我从您夫人的说话中发现了一个问题，你们俩在孩子的教育问题上，步调不太一致。

您夫人说她在魏娇娇的心里是一个"坏妈妈"，而您在孩子的心里是一个"好爸爸"。原因当然是她对孩子要求得严，您对孩子要求比较松。我觉得像你们这样的家庭关系目前不在少数，我国传统的说法是"严父慈母"，奇怪的是，现在许多家庭变成了"严母慈父"！这也许是因为男同志在外面要进行残酷的"搏斗"，回到家里就只剩下了一腔柔肠了吧!

您肯定有您的道理。比如说，孩子还小，着什么急呀；抓得那么紧，累坏了孩子怎么办呀；响鼓不用重锤敲呀等。您的想法，不一定就不正确，您夫人的做法不一定就完全可取。所以，你们就需要坐下来，平心静气地交流，取长补短，统一一下教育方法，而不是在您夫人把孩子关在房里学习的时候，您强行把她带出去吃肯德基。这种不协调的教育对孩子来说影响可是很大的。

娇娇还小，她还没有一定的分析和判断能力，如果你们长期意见不一致，很可能你们在孩子心目中的形象会发生倾斜，导致她与妈妈的感情产生距离，那可就是一件严重的事情了。

根据专家建议，在孩子小的时候，连"你爱爸爸还是爱妈妈？"这样的问题都不要给孩子提出来。因为在孩子的心里，爸爸妈妈她都爱，但是，大人的这个问题，显然有在孩子的心灵里加重一方天平砝码的暗示，这就给孩子出了难题。孩子为了讨好父母，只好当个"两面派"，在爸爸面前说爱爸爸，在妈妈面前说爱妈妈。这不但种下了孩子说谎的种子，而且孩子会隐约感觉到父母都希望自己特别爱他(她)，如果在她逐渐长大的过程中，又发现父母对她的要求差距很大，那么，她会更爱那个对她要求比较松的一方的。您想一想，这是不是很严重的事情？

良好的家庭教育环境，应该是从孩子出生的那一刻起，就让她感受到的是父母统一的、无私的爱。当然，即使是夫妻，也有意见不一致的时候，也会常常发生分歧。这时候，需要用一种理性的方式来处理，起码是不当着孩子的面指责对方，更不要唱"对台戏"。

您是一位很有教养，并且很喜欢读书的人，相信您对科学的教育方法一定很感兴趣。我建议你们夫妻读一些教育方面的、心理学方面的书籍，转变教育理念，协调教育方法，用你们俩人的手牵着娇娇前进，让她快乐成长！

祝好！

王欣

2003年2月

89 不要一味地付出

冯文星的妈妈：

您好！

看了您的信，我心里特别难过。您花费了那么大的心血培养的儿子竟然是"一块冰冷的石头"，这事真叫人想不通。

我记得冯文星十五年前是我的学生。当时他身体不是很好，显得有些瘦弱。给我印象最深的是，那时候牛奶不是很好订，您每天早晨都要跑到很远的地方给他去取牛奶。赶在他上学以前热好，让他喝下去。我们班同学曾经开玩笑说他是"奶油小生"，为这个绰号，他还和一个同学打过架。

他不是很爱说话，比较内向，但是学习成绩很好。我知道他小学毕业的时候考上了一所重点中学，后来他考上了重点大学还给我写过信。再后来我就只是从您那儿得到他的消息了，这次看了您写给我的信让我很吃惊。您信里说，他在复旦大学读到了博士毕业，在一家国内非常出名的公司工作。他一个月的收入够您吃上一辈子。让我实在难以置信的是他竟然从来不回家探望您一次，工作五年来总共给您寄过200元钱……

我了解您供养孩子的艰难。冯文星的爸爸去世以后，您为了孩子没有再婚，一个人带着冯文星生活，您在他的身上寄托了自己全部的希望。您只有一个心思，就是一定要把儿子供到大学毕业。我记得您曾经告诉我，不要让冯文星参加学习以外的任何活动，只叫他一门心思地学习，在他读中学的六年间，您几乎没有和他坐下来讲过几句关于生活上的话。他上了大学，您还是不让他做别的事情，还是供养着他，为的是怕他分心考不上研究生。您如愿以偿他博士毕业了，可是他与您心灵的距离却远不可及了……回过头来想一想，今天的悲剧还应该说是我们自己造成的。

可能您最大的失误，就是忘记了对儿子进行情感教育——它是一切教育的基础。

经验证明，您想让孩子成为一个有感情的人，就首先要培育他爱妈妈，爱爸爸，爱小朋友，爱人民，爱祖国的感情；您想使孩子将来成为自食其力的人，就得从扫地浇花的简单活动开始培养他的劳动情感；您想让孩子成为有益于社会的人，就得培养他爱学习，爱科学的情感。这种对人、对事物的情感，就叫"爱"。它将操纵一个人的行为取向。心中有爱的人会在祖国需要的时刻保家卫国，心中有爱的人会把高堂老母时刻挂在心上，心中有爱的人会与妻子同甘共苦，心中有爱的人会为儿女奉献一切……

世界上最重要的工作就是培养人，最难做的也是培养一个有爱心的人。一个人的灵魂一旦被扭曲了，造成的损失是根本无法用金钱能计算明白的。人们往往是在看到失败的事实摆在面前以后，才悟出其中的道理，可惜为时已晚了。

您说您现在年龄大了，身体有病，问我有什么办法挽回他和您的感情。我想您可以给他写信、打电话，把您的现状告诉给他，把您抚养他的艰难过程告诉给他，唤起他的良知。我也可以给他写信，试一试劝他回心转意。假如这些都没有效果的话，在您确实失去生活能力的时候，只有通过法律手段来维护您的合法权益了。这是我们多么不希望发生的事情呀！

　　不管怎样的结果，您一定要保重您的身体，也许随着时间的推移，冯文星会幡然悔悟；回过头来履行一个儿子应该履行的责任。不是还有一句话吗，要知父母恩，怀里抱儿孙。

　　有什么事情就来找我，我会给您以最大的帮助的。

　　祝您健康！

王欣
2003 年 6 月

90 不要盲目地为孩子制定成长计划

蒋女士:

您好!

我教了您女儿三年,和您大概见了五次面。您留给我最深的印象有两点,一是对孩子管教得特别严,二是脸上很少有笑容。在咱俩最近一次的接触中,您告诉了我您的家庭教育方法,它引起了我深深的忧虑,所以我决定给您写这封信,就您的家庭教育方法问题交换一下意见。

为了培养一个有出息的女儿,您花费心血为她制订了一个成长计划。这个计划定得很全面,从思想道德教育,到文化课的学习,以及体育锻炼,直至特长发展,均有具体的目标指数。在我接触过的家长中,像您这样"细化"教育的人实在是不多。我不能不佩服您在孩子身上的良苦用心，同时，我又不得不指出您的这种严格要求有悖于教育规律。

您说您曾经是一名优秀的车工，车出的零件非常标准，经常受到老师傅的表扬，这我绝对相信。但是，您可能也知道，教育孩子和用车床车零件是完全不同的两码事。车床和零件是没有生命和感觉的东西，要想生产出符合要求的产品，完全取决于人的主观能动性。而孩子是活灵活现的有着独立思考能力的"人"，她不可能像零件那样，您让她长几公分她就长几公分，您让她短几分她就短几分，您想车出个什么角度就能车出个什么角度来。

婴儿阶段的孩子是最好培养的，因为她的大脑还没有完全发育成熟。随着孩子一天一天长大，她们逐渐学会了观察，学会了用自己的头脑思考问题。在感受外界事物的过程中，她们学会了分析和判断，因此也就有了"爱憎"。他们愿意接受那些符合自己心理需要的东西，排斥自己不喜欢的东西。有些孩子甚至给自己确定了人生目标，不管它是否切合实际，孩子会付诸于自己的努力。不仅如此，孩子的成长还很容易受到周围环境的影响。别的孩子放学后在楼下玩耍，您按计划把她关在屋里学习，楼下的小伙伴一叫她，她会立刻放下手中的笔，飞奔下去的。她们中假如有一个孩子学习声乐，其他的人就会缠着妈妈也去报名，尽管她并没有学习声乐的条件。这就是孩子，这就是不能完全按大人意愿塑造的孩子。因此，在教育孩子的问题上，无论是学校的老师还是家长，除了因势利导，除了因材施教我们别无选择，无论是谁违背这个规律，都有可能会走很长的弯路。

女儿没有按您的计划成长，您的心里装满了太多的失望，所以笑容也从您的脸上消失了。您绷着脸训斥孩子，绷着脸面对您的上司和同事，甚至绷着脸面对孩子的老师。大概您不知道，您的不快乐，已经反作用于孩子，孩子也觉得生活没有光彩，她年龄不大，竟然学会了叹气。我每次听到她的一声叹息，心里就一阵酸痛。这是一件多么可怕的事情，一个人没有了快乐和没有了生命有多大的区别。我相信，当初您一定是怀着一颗愉快的心为孩子设计成长计划的，没想到在实现计划的过程中，您和孩子的快乐竟都不辞而别了。这说明您的计划一定有不尽人意的地方。您是不是应该回过头来检查一下您的计划了，也许您会发现有太多的地方需要修正。

世界上的事情不是任何人一厢情愿就可以如愿以偿的，尤其是对人的教育问题更是如此。

但愿我的劝告对您有所帮助。

祝您愉快！

王欣

2003 年 9 月

第十一篇 你应该这样做

91 依法维护孩子的权利

傅先生:

您好!

来信收到了。看到您因为孩子在学校里受到的不公正待遇而难过,我心里很不好受,我很愿意就这件事情谈一谈我的看法,希望能给您一些帮助。

您在信里说,孩子到学校是去读书学知识的,老师是为学生服务的,所以他们应该关心和爱护孩子。您的观点一点儿也没有错。近十几年来,我国政府制定了多部与教育相关的法律法规,都强调了教师的服务意识。可惜由于各种各样的原因,教师队伍中,违法施教的事情经常发生。不少老师缺乏服务意识,他们常常利用老师的权力伤害学生。有的人随意不许学生上课，侵犯学生的受教育权；有的人体罚或变相体罚学生，侵犯学生的生命健康权；有的人向学生硬性出售各种教辅材料，侵犯学生的财产权；更有的人随意公开学生的日记、信件的内容，侵犯学生的隐私权等。有关这些方面的事情，媒体报道的很多。

您儿子的老师因为孩子的作业完成得不好经常把孩子放在教室外面补作业，不让他进教室听课是一种违法施教行为，她不但侵犯了孩子的受教育权，而且属于一种变相体罚。因为在其他孩子坐在教室里学习的时候，他是被罚站在教室外面补写作业的。

您的看法是对的，罚孩子停课写作业的方法不可取。今天罚他写昨天的作业，今天的功课没有听，作业又如何完成呢？再说，这种教育方法不尊重孩子。有的孩子起初被老师请出教室的时候，还能感到羞耻，时间长了就变得无所谓了，这很不利于保护孩子的自尊心。凡是在今天还采取这种落后的教育方法的老师都是因为教育理念太陈旧，缺乏与学生的沟通和了解，更谈不上给学生以人文关怀。虽然国家一再强调加强教师队伍的建设，但是实际情况是我国的教师队伍仍然很不整齐，教师个体的素质差别仍然很大。

解决这个问题的途径应该有两条。第一条是您先从自己孩子入手，他是矛盾的主要方面。您要了解他不能按时完成作业的原因，然后有针对性地采取一些措施，督促他每天按时完成老师布置的作业。这样做一方面有利于这个矛盾的解决，另一方面也对孩子有好处，我们应该教育孩子养成按时完成作业的好习惯。

另一条途径就是您要和他的班主任老师平心静气地谈一谈，把您对这件事情的看法婉转地告诉她。看样子这位老师在教师岗位上工作的时间还不长，经验还很不足，您的意见有助于她反思自己的工作，改正错误。当然，假如这位老师一意孤行，坚持错误不改，您有权利向学校校长，乃至向上级教育主管部门反映情况。您不必担心孩子会受到打击报复，您向有关方面反映情况是依法维护孩子的合法权益，有什么可畏惧的？再说，今天的学校对教师的管理一般还是比较严格的，学校一旦了解了情况，就会要求老师进行整改的。

感谢您的信任！

祝好！

王欣

2000 年 12 月

92 父母带孩子更合适

安蔚：

你好！

你和我的女儿是同学，当年你到我家里来玩的情景，我还记忆犹新。今天你的孩子也要上学了，我又得发一次感叹，时间过得太快了！

你问我把孩子交给公公婆婆带好还是自己带好，我告诉你，自己带孩子是最好的。

先说一句不客气的话，现在有许多年轻人把孩子推给老人带，吃老人的，用老人的，自己图轻松是一种很不正常的现象，是应该受谴责的。相信你是不会有这种思想的。

老人带孩子和年轻人带孩子，最大的区别在于，老年人更重视的是孩子的生活，年轻人更重视的是孩子的思想和学习。我们的学生中这样的例子举不胜举。

不是老年人不想把孩子带好，关键是"隔代亲"的缘故，老年人对孙子孙女疼爱得厉害，总怕孩子吃不好，长不好，所以就把功夫下在生活上。不知你注意了没有，凡是老人带的孩子一般都比较胖。校园里的小胖子，十有八九是爷爷奶奶带大的。另外一点就是老人容易娇惯孩子，他们基本充当了孩子的保姆，每天从头到脚地服侍，替代得孩子连书包都提不动，更不用说生活自理了。

老人带孩子，还有一点不好的地方就是孩子一般不太听老人的话。这是因为老人很宠他们，对他们是有求必应，孩子就恃宠撒娇，提出许多不敢在爸爸妈妈面前提出的要求。于是，老人就把儿女当作上方宝剑："你不听话，叫你爸爸妈妈来收拾你！"这句话的潜台词是："我们对你一点儿办法都没有。"老人的无能为力，更助长了孩子的"嚣张气焰"，他们的爸爸妈妈不在跟前，他会更加肆无忌惮。一旦"上方宝剑"立在面前，他们又会装出一副乖乖宝的样子，讨爸妈的喜欢。时间长了，容易让孩子学会装假，变得虚伪起来。

我确实是经历了很多这样的事情，所以一直主张小孩子从生下来，就应该和父母生活在一起。这不光是有利于培养父母和孩子的感情，更重要的是，有利于孩子的健康成长。年轻的父母，对新生的事物很敏感，一般都能用新思想，新方法与孩子交流。你们可以教孩子学习电脑知识，学习打字，读英语，上网了解信息等，可以给孩子展开另一个全新的世界。再说，年轻人精力旺盛，可以在休息的时候带孩子从家里走出去接触社会，接触大自然，这也是很有利于孩子成长的事情。所以，一般地讲，年轻人带出来的孩子思维敏捷，知识面宽，大多数聪明活泼，热情开朗。当然，最根本的一点是孩子是你自己生的，你有责任把他带大，而老人是没有这个责任的。

中国人有一句老话，要知父母恩，怀里抱儿孙。你只有在养育孩子的过程中，才能品味个中的艰辛，才能反思父母的不易。

才能进一步激起你对父母的感激之情。所以说，你自己带孩子，不仅对孩子，对你也是很有好处的。当然，带孩子的辛苦是不言而喻的，相信你一定能够克服困难。把孩子带好。

不知道我的建议能被你接受否？

欢迎你带着孩子到家里来玩！替我亲亲你的小儿子！

再见！

王老师
1998 年 8 月

93 应当给孩子买电脑

蓝先生：

您好！

您来信说您上了初中的儿子蓝天阔要求您给他买一台电脑。因为担心他会迷上网络游戏，所以您有点儿不敢买。但是看到别的孩子家里都有电脑，又觉得亏待了儿子。到底该不该给孩子买电脑，您想听一听我这个从前的班主任的意见。

谢谢您对我的信任。蓝天阔小学毕业已经三年了，您遇到事情还想起征求我的意见，让我十分感动。关于给孩子买不买电脑的事情，我的意见是如果经济条件允许，还是买的好。因为电脑这个被称为现代社会的"天之骄子"，已经成为今天人们生活中不可缺少的重要角色。人们用它处理文字、语言、声像、图片等各种信息，尤其是通过网络，电脑能缩短人与世界的距离。操作电脑，对于提高孩子的思维能力和动手能力是极其有益的。我国教育部规定，从小学三年级起开设计算机课。这说明计算机的使用在我国已经开始普及，电脑已经走进了寻常百姓家。

关于您所担心的问题不是没有道理。据统计，在我国现在有1500万未成年人迷恋网络。这些孩子中有一部分人痴迷于网络游戏到了不能自拔的地步，他们不上学，不回家，甚至不吃饭，不喝水。有人一连几天几夜不下网。不是还有人将性命丢在了网吧里吗？所以，绝大多数家长将网络游戏视为洪水猛兽。

但是，话说回来，凡是一头栽进网吧的孩子90%都有家庭原因。一种是家长没有尽到教育的责任，只知道满足孩子的物质需求，不重视孩子的精神需要，没有正确的引导，不过问孩子的课余生活；另一种是孩子在家里缺少温暖（大部分是单亲家庭）所以到网吧去找朋友，找感情的寄托；最后还有一种就是家长的高压政策（绝对不许看电视、打游戏）造成孩子的逆反心理，到网吧里去发泄对家长的不满。假如每个家长都能够尽最大努力给孩子营造良好的家庭环境，重视教育孩子的问题，以正确的方法教育他，引导他，同时注意与孩子的沟通和交流，上面所提到的事情就很少发生了。

依我看，蓝天阔是一个很懂事的孩子，他有很强的上进心，他不太可能"玩物丧志"。另外，他有较强的自我控制能力。有了电脑，偶尔上一下网，玩一下游戏也是经常的事情。有的孩子给自己规定了时间，到时候就关电脑。有的孩子一玩起来就把什么都忘记了。蓝天阔应该是属于前一种类型的孩子。当然，孩子年龄小，做任何事情都不可能百分之百的让家长满意。因此需要您和他的妈妈不断地教育和引导，要把"电脑是用的，不是玩的"这个概念灌输给他。同时你们也要学习电脑的操作，提高它的应用价值。我相信，你们和孩子一定能在相互沟通中达到良性互动。

总之，我是赞成给孩子买电脑的。因为怕孩子打游戏而不买电脑实际是一种因噎废食，大可不必。

不知道我的回答能不能解开您心中的疑虑？欢迎再联系！

祝好！

王欣

2003年12月

94 教孩子学会自我保护

沈女士:

  您好!

  您打电话问的那件事情就是真的发生在我们班一个同学身上。上个星期五,那个同学差一点儿上了坏人的当。要不是当时有我们的一个家长碰巧经过那里,后果简直不堪设想。

  我详细地询问了那件事情的经过。从他遇险的经历中,我觉得有几个问题特别要引起我们家长和老师的注意。在日常生活中,我们要教育孩子提高自我保护意识,不然的话,我们的孩子会由于放松警惕而上当受骗,以至于引发人身伤亡事故。

  那个同学在放学的路上碰到两个陌生的男人向他问路,他并不知道那个地方在哪里。按理说就应该离开他们，往自己家里走，可对方说他们是外地人，不熟悉道路，希望欢欢能送他们一程，这个同学经不住对方的哀求，答应了跟那两个人走……

这就是我们要教育孩子提高自我保护意识的重要一点。

遇到陌生人问路，自己知道地点的就告诉他，不知道地点的就说不知道，让他找大人询问。不管他怎样哀求都不能答应。一般地说，正经问路的人，不是找警察问，就是找大人问。哪有抓住一个小孩子问个不停的？

类似这样的事情还有。一个陌生人在学校或者在放学的路上，甚至是敲开家门告诉孩子，他的家长有事，委托陌生人带孩子去什么地方。聪明的孩子坚决不听陌生人的话，扭头就走。判断能力不强的孩子，就会接上这些人的话茬，问他们家长到底在什么地方。这些人就会用花言巧语哄骗孩子上当。

还有一些小同学，在路上随便吃陌生人送的小食品，喝人家给的饮料，这更危险。社会上发生了多少起拐卖儿童的事件，作案的人大都利用孩子贪吃贪喝的心理达到了目的。

和那些人走到一个偏僻的地方时，他的心里已经开始犯嘀咕了。他说他感觉那两个人在不住地东张西望，有些鬼鬼祟祟。他想回家，可是那两个人一个劲儿地说好话，弄得他还不好坚决走开。他还算聪明，也开始东张西望，想找一个脱身的机会。凑巧，他看见了张伯淳的爸爸站在马路边和别人说话，他一步跨上去抓住了张伯伯的胳膊，大声叫道："伯伯！"那两个陌生人一看孩子找到了大人，立即掉头就跑。张伯淳的爸爸听了孩子的叙述还和几个朋友追了好长一段路，坏人早跑得无影无踪了。

  这个同学当时的决定是对的。不要说遇到了熟人，如果在紧要关头，即使抓住一个不认识的人也要设法求救，这也是自我保护的一种方法。

  算是有惊无险，孩子逃过了一次劫难，他说自己以后再也不会随便跟陌生人走了。

  鉴于现在社会环境复杂，我担心还有同学会因为缺乏自我保护意识而被伤害，发生一些让人痛心的事情，所以我将召开一次家长会，请派出所民警做"关于提高未成年人自我保护意识"的报告。届时请家长和孩子一起参加，您那天一定要来。警察会教给家长和孩子许多防范的方法。

  谢谢您关心我的工作。

  再见！

王欣
2003 年 11 月

95 对送礼说"不"

李史韵蓝的妈妈：

您好！

您来信问我，教师节要不要给老师送礼物，我明确地告诉您，不要送。

说起这事来，真是叫人忍不住叹息：如今，在我们的小学校园里竟然也是"送风"兴盛！我知道，每年的教师节，教师都能收到很多小学生送的小礼物。礼物分几种。一类是花。教师节这一天，学校附近花店里的花都被搬到教师的办公桌上了，堆得像小山。另一类是小工艺品、小摆设。小学生给教师买来许多他们喜欢的，对教师来说基本没有实用价值的如笔筒、小影集、小娃娃等，教师把它们提回去，放在袋子里连打开也不打开。再一类就是家长精心挑选的礼物，如衣服、相机或者是家电之类比较值钱的东西。除了教师节，就是过一个中秋节，老师也能收到许多盒月饼。

发生这些不正常的现象，是因为我们的家长，我们的小学生，也可能还有我们的部分教师受了不正之风的影响。

我认识一位家长，她从孩子上幼儿园起，就给教师送礼物，一直送到孩子读高中。她不光是在教师节送，平时一有机会就送。礼物有大有小，哪怕是用一只眉笔向老师表示一下她的情意。她的指导思想是，教师拿了我的东西，就会对我的孩子另眼相看的。现实中，有这种思想的家长不在少数。

我曾经向学生做过调查，问他们为什么要给老师送礼，他们说："起初也没有想到给教师送礼，但是，我看见了别的同学送了，就想，我要是不送礼，老师会不喜欢我的。"因为这个原因给老师送礼的孩子是大多数。

教师的素质也是有差别的。有的教师，在自己的生日前几天就给学生说："过两天就是老师的生日了，我真高兴……"说者有意，听者中也有有心的。于是孩子回到家里就对妈妈说："妈妈，过两天我们老师过生日，我拿什么向她表示祝贺呀？"

如此这般地你送我送大家送，学校就热闹起来了。尤其是教师节，正常的教学秩序都受到了影响。这是一件很不正常的事情，引起了教育行政部门的注意。有的地方就规定，教师不能收受学生的礼物。媒体对这件事也有相关报道。

然而，大人们做什么，孩子不管。他们仍然记住在教师节这一天要给老师送礼物。不但要送，还要送大礼。有个小朋友因为妈妈在教师节这一天给老师买的礼物"太小气"，比不上同学送的礼物好，竟然放学不回家，一个人在街上蹓跶。这怎么能叫人不操心呢！您的女儿还好，只是坐在家里发愁："我没给老师送礼，要是老师不爱我可怎么办呀……"

要想让孩子明白这件事，一是要给她讲道理，告诉她，老师不管同学送不送礼物给她，都会喜欢大家的，这是老师的责任，让她安心上学。二是要教育孩子，不能和别人攀比谁送的礼物好。要比就要比学习，比思想，看谁的成绩好，谁最关心班级集体。老师最喜欢的是学习努力，要求上进，每天都有一个惊喜给老师的孩子。三是和老师沟通。绝大多数老师对学生送礼的事持反对态度，您只要和他们聊一聊，就能找到解决您女儿苦恼的最好办法。

　　还有，您可以用别的方式满足您女儿给老师送礼的心愿。比如，在教师节的前几天，就提醒她用自己的成绩作为礼物送给老师。比如帮她设计一个全班同学在教师节那天向老师祝贺节日的小场景等。总之，物质的礼物不要送，孩子的认识要耐心引导。

　　祝好！

王欣
2003 年 9 月

第十二篇 其他

96 女儿的电话最多

贺星星的妈妈：

　　您好！

　　按您的意见，我昨天下午利用活动课时间和您的星星谈了一节课。说起她的电话问题，星星对您一肚子的意见。说您只要接到男同学的电话，就像触了电似的警铃乍响，把人家问个"底朝天"："你家在哪里住啊？你的家长在没在家呀？""你找我们星星干什么呀？就是为了问个数学题吗？"问得对方答不上来了，您就说："星星在学习呢，没事不要打电话！"然后把电话一挂。星星说您还有偷听电话的习惯。她和同学正在说话，就听见您拿起了分机，气得她在电话里冲您大叫："妈妈，您快把电话放下来！"

那头听电话的同学就赶快对星星说："你妈妈不高兴了，咱们不要聊了！"看来您娘俩在电话的问题上分歧很大。

我和星星讨论了小学生的一般电话内容，无非是谁忘记了做哪道习题，或者老师让给同学带个什么话，还有的是相约周末到哪里去玩，再有就是用电话讲笑话。这些事情中，除了第一、二条有些紧急外，其他两条在学校里就可以当面谈清楚，今天没有交谈明天还见面，不一定非得要电话联系。星星也承认，爱打电话是孩子们模仿大人的结果。她们同学中有人就认为大人拿起电话一声"喂"显得很酷，说自己如果有了钱，先买一部手机，随时可以"扮酷"。

我告诉孩子，她们现在正处在学习阶段，生活比较单一，活动的范围也很有限，她们没有多少复杂的事情一定要不断地用电话来解决。同学之间有了事情打一下家里的电话完全应该，但是不能有事没事都打电话，干扰大人的生活。还有，她们现在消费的是大人的劳动成果，打电话是要付费的。她们同学中有人打信息台，一次就打了几百元的话费。给父母造成一定的经济损失是很不应该的。对于您处理她的电话的方法，我认为是有不够妥当的地方，尤其是偷听她的电话，是对她有些不信任，我代您向她保证今后这类事情再不会发生了。看来星星还是接受了我的意见，高高兴兴上课去了。

回过头来我要批评您。您发现孩子的电话多，要采取灵活的方法来处理，绝对不能让她感觉到您对她的不信任。要知道，现在的孩子年龄不大，却有着相当强烈的自尊心。他们把信任看得比什么都重要。您一旦伤害了她的自尊心，她的对立情绪就大了。另外，您要改变一下您比较传统的观念，认为小学生的任务就是学习，哪里有时间聊天说笑话。这是您不了解现在的孩子。在这个信息爆炸的时代，多数小学生一边学习，一边收取各方面的信息，有了什么新鲜的东西立刻就传给了同学们。打电话是一种联系的方法，除了打电话，她们还可以上网聊天，和那些不认识的人说一些不着边际的话，一说就是大半天。其实我们老师每天也都在和信息争夺孩子，总想让孩子们在大脑的深处给书本上的基础知识留一些位置。我这样一说，您对于今天的孩子是不是有了一些新的了解？

　　您要想办法和贺星星沟通，要像一对朋友一样坐下来谈心，把您的顾虑讲给她听，同时也听一听她的想法。在交谈中找出你们母女共同可以接受的途径往前走。虽然她是您的女儿，但是她在人格上是完全独立的，如果您没有这种思想认识，今后还会和她不断地发生新的矛盾。

　　祝您愉快！

王欣
2002 年 5 月

97 孩子的生日怎样庆祝好

梁春慧的妈妈：

您好！

您来电话说，您女儿梁春慧一个月里就给同学过了三次生日。昨天又为了给一个同学送生日礼物的事情在家里和您"闹仗"。并且威胁您如果您不给钱让她给同学买礼物，她就不去上学了，因为她觉得太没有面子了。

发生在梁春慧身上的这件事情，别的家长也反映过。因为这些孩子今年满10岁，所以班上有一半以上的同学都庆祝10岁生日，有相当多的人参加过同学的生日聚会。

形成这种局面的主要原因是因为当前小学生攀比心理特别严重。

　　事情可能是因为班上有一个同学开学初过生日，这个同学家里条件很好，父母在豪华酒店里为儿子举行宴会庆祝。儿子提出要邀请几个同学，父母答应了。这几个同学吃了别人的生日酒，轮到他过生日了，就觉得应该"回请"人家。于是，同学之间请来请去，像滚雪球一样，请的人越来越多。不光是请吃饭，"去参加别人的生日聚会总不能空着手吧"，于是又兴起了送礼物。礼物虽然不大，也就是一些小工艺品、学习用具什么的，但就得买呀，孩子没有钱，就向家长要。要得多了家长自然有意见。梁春慧只是跟您闹，有的同学干脆不打招呼就掏父母的钱包，造成了很坏的影响。

　　据孩子们说，他们参加的同学生日聚会，吃的都是名牌店里的蛋糕。谁的妈妈也不敢买档次很低的，为的是给孩子"争面子"。那些高级蛋糕上的奶油，吃掉的不多，大部分都被抹在了同学们的脸上、身上。她们一个个被同学们抹得像个三花脸，嘻嘻哈哈乱闹一通。面对孩子们强加给自己的这些负担，我不难想象，家长的心里是怎样的一种感受——这不良的社会风气简直无孔不入，它竟然连孩子们也不放过！

　　生气归生气，面对现实我们还只有一个办法，那就是进行正确的引导。我已经找过很多同学了解关于过生日的事情，在和孩子的交流中，我给他们讲了小孩子不宜铺张过生日，不宜用家长的钱请客送礼的道理，还帮助孩子们分析了他们相互攀比的心理是一种虚荣心在作怪。大多数孩子接受了我的建议，有同学还提议在班上搞一次主题队会，题目是"我10岁了"让大家集体过一次生日。我觉得这个建议很好，已经安排中队委员们在一起讨论了。可能梁春慧还不知道这件事情，所以还在问您要钱买礼物。

　　下来的问题是我要向家长们提个意见。对于孩子类似过生日这样的事情，家长应该有正确的态度。孩子10岁了，在家里小范围庆祝一下未尝不可，不要把小孩子的生日过得那么铺张。有的家长不但请了孩子的同学，还请了家里的长辈，并且要求长辈要拿像样的礼物。听说有个同学过一个生日收了5000元的礼金不算，还收了许多像电子琴这样的"玩具"。这助长小孩子养成奢侈的生活习惯，这样的家长只图眼前讨孩子喜欢，不知道将来后患无穷。还有关于给同学送礼的事情，家长一开始就应该持反对态度。明确告诉孩子："你没有收入，你的生活来源靠的是家长，所以你不能用家长的钱去买礼物送给同学,你们可以换一种方式表达互相的祝贺。"我相信只要家长坚持讲明道理,严格要求,大多数的孩子是会明辨是非的。

小学生也是社会大家庭里的一员,各种社会风气当然也会熏染他们的目光。为了使他们不致遭受严重污染,我们要积极地向他们灌输正确的思想,努力地提高他们辨别是非的能力。这是一个长期的、艰苦的工作,每个家长都要有充分的思想准备。

谢谢您和我联系!欢迎以后多沟通。

王欣

2002 年 11 月

98 女儿迷上了化妆品

乔丽：

你好！

今天是周末，一大早，我的女儿就在化妆，她要去参加一个聚会。看一看化了妆的女儿，显然比素面朝天要生动得多。我禁不住发自内心地感叹：化妆对于女人来说的确是一件必不可少的事情呀！由此我想到了你的困扰，想到了你因为女儿迷上了化妆品而揪心难放的事。于是，我拿起笔给你写信，很想帮助你从困惑中走出来。

有一点你不要过于自责，那就是你经常化妆是没有错的。即使在平时，我们每个女人都应该把自己打扮得漂漂亮亮的，这是一个人对自己仪容的严格要求，也是出于对别人的尊重。更何况你是在酒店做管理工作,你的岗位要求你必须干净整洁,容光焕发。为了工作你也得化妆啊!

　　至于你的女儿才上三年级就迷上了你的化妆品,这也是正常的事情。因为在孩子生活的周围,她不光看见你在化妆,她更多的是看见了她的周围还有许多阿姨、大姐姐个个描眉画眼,影视片里的女孩子更是打扮得光彩照人。孩子年龄小缺乏判断能力,她很可能产成了一个错误的认识:凡是化了妆的人就最美丽。出于对美的追求,她也时不时地把你的化妆品抹在她的脸上,用一用你的眉笔,抹一抹你的口红。说到底,还是好奇心的驱使,问题并不像你想象的那样严重。你不必太操心,只要用正确的方法来引导她,事情就会得到解决的。

　　你可以尝试这样做:

　　你要把女人为什么需要化妆的道理讲给她听,让她明白化妆是一件很平常的事情——女孩子长大以后都可以化妆。去掉她对化妆的神秘感;再给她讲一讲你为什么需要经常化妆——那是工作的性质决定的;接着要给她讲小孩子为什么不能化妆——不光是小孩子买不起化妆品,还因为小孩子的肌肤光滑、柔嫩,天生丽质,是其他哪一个年龄段的人都羡慕不已的。告诉她自然美、健康美才是最真实的,才是最美的。如果她还不相信,你可以给她化上妆，让她自己比较到底是自然美还是化妆美。

假如你能平静地做到以上几点，并且有意地将她的注意力吸引到别的方面，比如在课余时间和她去锻炼身体，和她逛书店或者给她买喜欢的玩具等，你的女儿很快就会远离了化妆品。相反，如果你做出一副大祸来临、忧心忡忡的样子，把化妆品藏来藏去，反而增强了她的好奇心，她会变着法儿地尝试化妆的"乐趣"，那倒不好解决了。

总之，你要有充分的思想准备，一个孩子在成长的过程中，岂止对化妆品感兴趣，吸引她们的东西太多太多了。你以后还会碰到的。一句话，好奇心是小孩子与生俱来的伙伴，没有好奇心的孩子是有问题的孩子。所以我们做家长的，既要保护孩子的好奇心，又要正确引导她不至因强烈的好奇心而误入歧途。这的确是一件不太容易把握的事情。

我的这些忠告，不知道能不能帮助你展开紧蹙的眉头，让你笑对女儿的好奇心？很愿意和你这样年轻的家长交流，欢迎以后多联系。

祝你天天美丽、快乐！

王欣

2001年4月

99 胖孩儿堪忧

李淑正的妈妈：

您好！

您不用说，我都知道李淑正每年在学校召开运动会的一段时间里过得最不开心。因为她眼看着同学们一个个参加各种运动项目活跃在操场上，而她只能坐在场外当拉拉队员。这对一个小学生来说简直是一种惩罚。我的心里也很过意不去。所以，我经常在比赛进行的时候，坐在李淑正身旁，和她一起为同学们加油助威，减轻她的心理压力。

造成孩子不能参加体育运动的根本原因是孩子体重过大，灵活性太差，她的身体技巧无法表现出来。

我真的操心李淑正将来如何完成中学以至大学的学习任务，怎样应对未来的生活？因此我要郑重其事地和您谈一谈给孩子减肥的问题。

听李淑正说她是在奶奶来了您家以后才发胖的。以前你们三口人生活的时候，您很忙，没有时间给孩子做饭，经常是买饭吃的时候多。奶奶来了以后，老人家一心一意地为家里做饭，顿顿有鱼有肉，有汤有饭。李淑正说她吃了还想吃，常常吃得她腰都直不起来了还不想放下饭碗，奶奶一手供出一个小胖子的事实说明，李淑正并不是先天遗传的肥胖，只要你们重视改善孩子的饮食结构，她的减肥计划还是有希望实现的。

您要给李淑正定一个食谱，饭菜要荤素搭配，粗细都吃。每顿饭要有定量，让她吃到六七成就可以了。要禁止她吃那些含脂肪过多的小食品，如火腿肠类的东西。要控制她饮用含糖很高的饮料和进食洋快餐。我知道这样做孩子开始的时候可能很难受，但是，只要你们坚持不给她多吃，不准她乱吃，时间长了还是会习惯的。在她特别想吃东西的时候适当用一下"转移法"：带她出去散步，给她买一个小玩具，讲一个故事给她听等都可能有效。

您还要重视李淑正的体育锻炼。我们不为参加运动会，就为了减肥也要加强运动。她因为胖的缘故，经常不想活动。学校的体育课都成了她的头疼课，同学们在体育老师的带领下学习各种体育动作，又跳又跑，李淑正要么站在队伍里基本不动，要么干脆坐在场外给大家看衣服。您想，她和别的孩子比起来减少了多少运动量呀！您在家里也给她定一个运动计划吧，比如每天早晨您或者李淑正的爸爸陪她去跑步15分钟；晚上您和她跳半个小时的小绳，即使上了床睡觉以前，您也可以陪她做一做仰卧起坐等都对运动很有益。

根据国家有关部门调查，青少年肥胖症给家庭与社会带来相当大的危害，"小孩子生出大人病"的情况屡见不鲜。24%的青春期肥胖儿童在30岁以前发展成糖尿病；还有的患有心血管疾病。这是一件多么可怕的事情呀！

当然，给孩子减肥也有一些禁忌。比如不能快速减肥。不能用饥饿疗法，最好不用药物或者手术的方法等。

您只有李淑正一个孩子，她是你们全家的希望。如果不是因为李淑正患上肥胖症，她完全可以比现在更出色。所以，您要下决心帮助孩子减肥，让她把自己最优秀的一面表现给大家看。好吗？

一个更漂亮的女孩儿，一个更优秀的女孩儿在等着您去发现。

祝好！

王欣
2002年4月

100 告诉孩子男女有别

赵星辉的妈妈：

您好！

您说您的儿子已经上小学一年级了，他平时和小朋友玩的时候一点男女界限都没有，常常拉着女同学的手，有时候还猛不丁地亲人家一口。您担心他是受了坏影响故意这样做的。依我看问题没有您说的那样严重，在小学一二年级的学生中，发生这种事情的时候并不少。这是因为在幼儿园的时候，孩子们之间的男女界限并不大。大家吃在一起，睡在一起，有些幼儿园里甚至让孩子们上一个厕所。上课做游戏的时候，教师组织孩子们分组活动基本上不按男女分。因为在这个时候男女孩子的体力大小，能力高低都差不了多少。所以在孩子们的心里男女基本上没有区别。您可能也看见过，幼儿园的孩子出门的时候，总是男女生紧紧地拉着手一起走。

孩子上了小学，教师第一天带他们认识学校的时候就告诉他们哪个是男厕所，哪个是女厕所。这就是一个标志，说明男女同学是有区别的。有记性的孩子会记住老师的话，看见有异性往自己的厕所里走，赶忙说："你是男（女）生，不能进我们的厕所。"那些走错厕所的孩子，就属于"记性"不好的。他们依然和异性同学亲密接触，课间活动的时候手拉手在一起玩。您的儿子赵星辉可能就是属于这种孩子。随着年级的增长，老师经常把男女生分开组织活动。尤其是体育课，男孩子参加的项目就比女孩子的项目要付出的体力大，班上大扫除，也是男同学干重活，女同学干轻活。这时候的孩子就能知道男生和女生是不一样的，大家不能什么事情都在一起干。

说到孩子亲吻别人的事，照他的年龄应该属于一种无目的的模仿。大多是看的电视剧多了，见屏幕上的大人那样，学着样子也来一下而已。和赵星辉这样大的孩子不同的是有些小学五六年级的学生，虽不能说是"荷尔蒙"的作用，却已经有些对异性的钦慕。有些男女同学之间已经开始写所谓的情书，有些男孩子还会为自己的"爱侣"与人打架，个别的甚至有了性的接触……这样的情况必须要引起我们家长和老师严重关切的。

  我支持您和孩子讨论"男女的问题"，要用他可以接受的，比较形象化的方式向他做"性的渗透"。我给您推荐《中国儿童百科全书》，它是一套图文并茂的科学丛书。这套丛书里有"我从哪里来"一节，讲的就是生命的诞生过程。除了和孩子一起读书以外，您还要在平时的生活细节中及时地纠正他做得不对的地方。比如晚上不愿意独立睡觉，挤在父母的床上；比如在妈妈上厕所的时候随意进厕所等，都是需要指出来的。要告诉他妈妈是女生，他是男生，男女有别的道理。因为我们也发现有的孩子不分男女界限和家长的影响有一定的关系。孩子都四五岁了还带他上公共浴池就是很不好的一件事。

  就说到这里吧，您不要把赵星辉的事情看得太严重，可也不能不给他讲男女之间的区别。不要着急，耐心地进行教育，孩子会慢慢地明白这些道理的。

  祝好！

王欣

1999 年 12 月